대학생을 위한
자아와 명상 ２

대학생을 위한

자아와 명상 2

동국대학교 건학위원회 엮음

동국대학교출판부

여는글

　동국대학교는 요익중생(饒益衆生)과 자리이타(自利利他)의 부처님 가르침을 바탕으로 학술과 인격을 연마하고, 자신을 포함해 민족과 인류사회 그리고 자연에 이르기까지 지혜와 자비를 충만케 하여, 서로 신뢰하며 공경하는 이상 세계의 구현을 건학이념으로 합니다.
　〈자아와 명상〉은 바로 이러한 건학이념의 실현을 목표로 지혜와 자비, 나아가 통찰력을 갖춘 글로벌 인재를 양성하기 위한 공통 교양과목입니다. 다른 교과목들과는 달리, 이 수업은 자신과 자신을 둘러싼 주변 환경, 더불어 세상과 자연의 진정한 모습을 관념과 언어 이전의 직접적 지각을 통해 체험하고 배우는 교육과 소통의 시간이 될 수 있습니다.

　또한 〈자아와 명상〉 수업은 우리에게 행복을 가져다주는 것들과 고통을 가져다주는 것을 구별할 수 있는 지혜를 계발하게 합니다. 이를 통해 급변해 가는 세상 속 기후 변화와 같은 환경 문제들과 정치, 경제, 교육, 문화, 군사 등 사회 구조적 환경에서 일어나는 글로벌 위기를 전인적 관념으로 보다 넓게 조망할 수 있는 지혜의 눈을 갖게 합니다. 그리고 이를 기반으로 요익중생과 자리이타를 실천하는 인재, 다양한 형태의 리더십을 갖춘 엘리트를 길러낼 수 있는 기틀을 제공하고자 합니다.

　본 교재는 15주 강의를 기본으로 구성되어 있습니다. 호흡명상, 자비명상, 간화선 등 전통명상을 비롯하여 감사명상, 행복명상, 걷기명상, 그리고 절명상과 차명상, 음악명상, 서원명상, 먹기명상 등 다양한 응용 명상법들이 포함되어 있습니다. 전통적 가치나 목적을 훼손하지 않는 범위 안에서 아직 명상에 익숙하지 않은 초보자도 최대한 쉽고 재미있게 배워 실생활에서 적용할 수 있는 방향으로 이끌고자 노력했습니다. 또한 매주 다양한 활동을 통해 자신에 대해 고민해 보고, 때로는 친구들과 대화를 통해 자신을 관찰하여 이해하고, 더불어 함께 하는 삶을 경험할 수 있도록 교재를 구성하였습니다.

본 교재 『대학생을 위한 자아와 명상』 1·2는 서울 동국대학교에서 교재로 사용되었던 『대학생을 위한 명상실습 입문』 1·2와 WISE캠퍼스의 『언제 행복할 예정인가요?』, 『사랑, 하고 있나요?』의 개정증보판입니다. 그동안 서울과 WISE캠퍼스에서 〈자아와 명상〉 수업을 진행하면서 좋았던 점과 부족한 부분을 보완하여 만들었습니다.

〈자아와 명상〉 수업이 여러분에게 고통과 불행을 가져다주는 것들을 버리고 자신과 세상을 좀 더 깊이 이해하고 사랑하는 시간이 되기를 바랍니다. 그리하여 다 함께 요익중생과 자리이타를 실천함으로써 이타적 삶을 선도하는 21세기형 주인공으로 거듭나시기를 기원합니다.

2024년 2월
동국대학교 건학위원회

Contents

	여는글	4
WEEK 1	강좌 소개	9
WEEK 2	명상이란 무엇인가?	13
	• 세상 속의 나는 누구인가?	20
WEEK 3	호흡명상 2	23
	• 이 순간 나는 행복해!	28
WEEK 4	행복명상	31
	• 칭찬 인터뷰	36
WEEK 5	마음관찰명상	39
	• 내 감정 바라보기	44
WEEK 6	자비명상	47
	• 내 인생의 가치를 찾아서	52
WEEK 7	먹기명상	55
	• 나의 하루 관리	60
WEEK 8	이완명상	63

WEEK 9	걷기명상 2	69
	• 가을 풍경 카메라에 담기	74

WEEK 10	소리명상	77
	• 말은 마음의 소리	82

WEEK 11	간화선 2	85
	• 지금의 나, 미래의 나	90

WEEK 12	절명상	93
	• 변하지 않는 것이 있을까?	100

WEEK 13	사경명상	103
	• 나를 한 단어로 표현한다면?	110

WEEK 14	용서명상	113
	• 네 마음을 이해해!	118

| WEEK 15 | 한 학기를 마치며 | 121 |

참고문헌　　124

WEEK **1**

강좌 소개

나는 누구인가 – 본질로 돌아가는 가장 단순한 질문

〈자아와 명상〉은 공통 교양과목입니다. 『대학생을 위한 자아와 명상』2는 『대학생을 위한 자아와 명상』1의 심화 과정이라고 할 수 있습니다. 그렇다고 꼭 『대학생을 위한 자아와 명상』1을 모두 숙지한 후에 이 책을 봐야 하는 것은 아닙니다. 『대학생을 위한 자아와 명상』2 만으로도 충분히 자아성찰과 명상실습을 할 수 있기 때문입니다.

〈자아와 명상〉수업의 교재인 『대학생을 위한 자아와 명상』1·2는 학생들이 자신에 대해 고민하고 자신을 알아가는 과정에 도움을 주는 내용으로, 15주 학사 일정에 맞추어 구성됐습니다. 매주 하나의 명상과 하나의 활동이 준비되어 있습니다. 각 주마다 다른 명상을 실습함으로써 다양한 명상법을 익혀서 자신에게 맞는 명상 방법을 찾도록 안내합니다. 궁극적으로는 학생들이 스스로 명상할 수 있는 토대를 만들고자 합니다. 또한 매주 다양한 활동을 통해 자기 자신과 좀 더 가까워지는 기회를 제공합니다. 자신에 대해 고민해 보고, 때로는 옆에 있는 친구들과 대화를 통해 자신을 이해하고, 서로 함께 하는 삶을 경험하게 될 것입니다.

'나는 진정으로 누구인가?'

〈자아와 명상〉은 이 질문을 시작으로 우리가 온전한 자신으로 살 수 있도록 도와줍니다. 나아가 나를 이해하고 우리가 살아가는 세상을 이해하며, 편안하고 행복한 삶으로 안내할 것입니다. 자신이 무엇을 하고 있는지를 바라보는 것만으로도 자신의 마음과 행동을 점차 분명하게 알게 해 줍니다. 자신과 좀 더 편하고 온전하게 관계를 맺으며, 이 세상을 살아가는 법을 배우게 됩니다. 나에 대해 깊이 통찰할 수 있고 미처 몰랐던 나를 만나게 됩니다. 나에 대한 새로운 인식은 새로운 삶의 변화를 가져다줄 것입니다.

〈자아와 명상〉은 동국대학교 학생들이 자신을 성찰하고 명상을 실습함으로써 학교의 교훈인 지혜·자비·정진을 겸비한 인성을 갖추도록 개발된 과목입니다. 다양한 명상법을 배우고 익혀서 온전한 나로 더 행복하고 건강하게 살아가는 법과 자신에 대해 좀 더 관심을 기울이는 것은 물론, 공동체 속에서 타인과 행복한 관계 맺는 법을 배우게 됩니다. 그리고 활동지의 내용을 함께 경험하고 지각하며 나누는 가운데 상호 간 이해의 폭이 증진되고 이를 통해 심화하고 진정성 있는 소통이 자연스럽게 활성화될 것으로 기대합니다.

〈자아와 명상〉은 강의식 수업이 아닌 실기를 통한 체험 과정으로 이루어져 있습니다. 이러한 체험 과정은 스트레스나 갈등 상황 등의 환경에 처했을 때 그 과정을 이겨나갈 수 있는 내적 역량을 키울 수 있게 해줍니다. 일상에서 명상을 실천하고 훈련하여 나와 남에게 지혜롭고 자비로운 사람이 되도록 도와줍니다.

지금, 이 순간은 다시 돌아오지 않습니다. 나중의 행복과 성공을 위해 지금의 행복을 미뤄서는 안 됩니다. 〈자아와 명상〉이 매일 매일 여러분들이 조금씩 더 행복해지는 데 도움이 되었으면 합니다.

"우리가 사는 것은 바로 지금 여기다. 스스로 행복하라"

− 법정스님 −

명상이란 무엇인가?

1. 명상의 핵심 키워드

　명상(冥想, Meditation)이란 우주를 관찰하거나 식물을 탐구하는 작업이 아닙니다. 명상은 자기 몸과 마음을 지속적으로 성찰하면서 좀 더 지혜롭고 현명해지도록 자기 향상과 성장을 위해 나아가는 수행의 길입니다. 명상의 원류는 불교나 힌두교에서 나왔지만, 현대에 와서는 누구든지 시도해 보고 이익을 얻을 수 있는 열린 주제입니다. 명상은 삶에 대한 통찰력을 얻을 수 있는 탁월한 토대이자 통로가 되어줍니다.

　명상하기 위해서는 제일 먼저 명상에 대한 선한 의도와 의지가 필요합니다. 그런 다음 명상을 안내해줄 스승이나 지도자를 만나야 합니다. 그 분들의 가르침을 따라 꾸준하게 명상을 하게 되면 명상이 주는 다양한 이익과 혜택을 얻을 수 있습니다. 그러면 종전의 삶과는 다르게 조금 더 안정적이고 여유롭게, 과도한 스트레스도 유연하게 대처하면서 당당하게 살아갈 수 있습니다. 명상의 핵심 키워드는 다음과 같습니다.

현재 이 순간
몸과 마음을
마음챙김 · 마음집중 · 알아차림
평정심과 함께!

2. 마음챙김이란 무엇인가요?

　마음챙김은 빨리(Pāli)어로 '사띠(sati)'입니다. 영어로는 마인드플니스(Mindfulness)라고 하고, 한문으로는 염(念)이라고 합니다. '염'으로 번역한 것은 '생각' '기억'이라는 의미보다는, 현재 이 순간 깨어있는 마음으로 명상 대상을 계속 챙기고 있는 마음입니다. 그러니까 마음챙김은 대상에 온전하게 주의를 기울이며 알아차리고 있는 마음상태로, 혹자는 '마음새김, 마음지킴, 알아차림'으로 번역하기도 합니다.

　명상수행을 하는데 있어 가장 중요한 마음이 바로 마음챙김입니다. 마음챙김이 있으면 명상을 하는 것이고, 마음챙김이 없으면 명상하는 것이 아니라고 할 만큼, 실제 수행의 입장에서 마음챙김은 중요합니다. 이 마음챙김은 집중수행을 할 때나 관찰수행을 할 때 다 필요한 마음입니다. 수행의 출발점부터 도착점에 이르기까지 마음챙김은 항상 있어야만 합니다. 마음챙김이 있을 때 지혜가 따라온다고 합니다. 마음챙김은 늘 선한 마음이고 유익한 마음이라 마음챙김을 실천하는 자에게 유익한 결과를 가져다줍니다. 그럼 마음챙김의 정의를 살펴볼까요?

여러 학자와 명상지도자들은 마음챙김에 대해 "순간순간의 알아차림, 마음챙김은 관찰하는 힘, 지금 순간에 대한 자각의 기능과 관련이 있으며, 마음챙김의 특성은 현존"이라고 설명합니다. 또 "마음챙김은 순수한 자기 관찰, 경험 속에서 일어나는 모든 일을 습관적으로 판단하거나 반응하지 않고 그저 알아차리는 것, 지금 이순간 의도적으로 판단하지 않은 채 주의를 기울임으로써 나타나는 알아차림, 생겨나는 그대로, 연속적으로 흐르는 내적·외적 자극들에 대해 평가하지 않는 관찰"이라고 정의합니다.

그러므로 마음챙김은 명상을 하는데 있어 가장 중요한 요소가 되며, 명상의 출발점이자 끝까지 놓치지 않아야 할 보배와 같습니다. 명상의 이익과 결실이 일어나는 것은 바로 마음챙김의 힘 때문입니다.

3. 마음집중이란 무엇인가요?

마음집중은 마음챙김을 하면서 대상을 놓치지 않고 계속 집중하는 것을 말합니다. 빨리어로 '마음집중'은 사마디(samādhi)라고 합니다. 한문으로는 삼매(三昧)나 정(定)이라고 하고, 영어로는 Concentration이라고 합니다. 마음집중은 짧은 시간 집중하는 것이기도 하지만 여기서는 마음이 잡념에 흔들리거나 흩어지지 않으며 한 대상에 오래 머물 수 있는 고도의 집중 상태를 말합니다.

명상할 때는 반드시 집중력이 필요합니다. 초반에는 집중하기가 어렵지만, 점차 집중의 강도도 좋아지고 집중 시간도 길어집니다. 집중을 잘 유지하게 되면 마음의 방황도 잦아들고 잡념이 줄어듭니다. 동시에 긍정적인 정서와 선한 마음이 발현됩니다. 몸과 마음이 이완되고 희열과 행복감을 경험하게 되며, 마음은 더욱더 고요하고 잔잔해집니다.

이렇게 마음이 일념집중이 된 상태를 삼매(三昧), 선정(禪定)이라고 합니다. 선정이 잘 이루어지면 현재의 일상의식과는 차원이 다른 색계 초선정부터 4선정까지 경험할 수 있습니다. 이 상태는 부정적인 마음이 없어지면서 치유가 되고 마음이 맑고 청정해진 단계입니다. 그러면 자신과 세상에 대한 지혜와 통찰력이 일어나게 됩니다.

4. 알아차림이란 무엇인가요?

알아차림은 대상에 마음챙기고 집중할 때, 그 대상을 보다 더 정확하게 아는 지혜로운 마음입니다. 몸의 움직임이나 동작 등의 외적인 부분도 알고 마음의 움직임이나 변화 과정도 압니다. 한발 더 나아가서는 몸이나 마음이라는 대상의 본질까지 알고 있는 마음입니다. 빨리어로 알아차림이란 '삼빠자나(sampajāna)'입니다. 한문으로는 정지(正知)라고 번역하고, 영어로는 Full-awareness, Clear-comprehension이라고도 합니다.

호흡명상을 예로 들어볼까요? 호흡명상을 하는 수행자는 들어오는 공기와 나가는 공기를 분명하게 느끼고 압니다. 콧구멍 입구와 인중 부분에서 접촉되는 공기의 감촉도 분명하게 자각합니다. 숨이 긴지 짧은지, 감촉이 따듯한지 차가운지, 호흡이 거친지 미세한지 호흡과 관련된 모든 측면을 명료하게 알면서 호흡의 생멸(특성)까지 통찰하게 됩니다. 이를 '분명한 알아차림' '분명한 앎'이라고 합니다.

또 다른 예를 들면, 걷기명상을 할 때 오른발과 왼발을 내디딜 때마다 그것을 분명하게 알아차립니다. 걷고 있는지 멈춰 있는지, 또는 몸이 돌고 있는지를 압니다. 발을 들 때는 발에 어떤 감각이 느껴지고, 발을 내릴 때는 어떤 감각들이 느껴지는지 자각합니다. 또한 다리나 발에서 느껴지는 감각들이 고정되어 있는지 아니면 미세한 차원에서 계속 변하고 있는지도 압니다.

이렇게 명상 대상을 온전하게 자각하고 느끼며 관찰하는 것을 분명한 알아차림이라고 합니다. 특히 위빠사나명상을 할 때는 바른 마음챙김(正念)과 바른 앎(正知)이 함께 계발되고 작용이 되어야 합니다. 새의 양 날개처럼 수레의 양쪽 바퀴처럼, 두 기능이 조화롭고 균형있게 향상될 때 수행의 이익과 결실은 빨리 찾아옵니다.

5. 명상의 향상 과정

명상은 몸과 함께하는 마음의 훈련이고 연습 과정입니다. 원인과 결과의 법칙에 따라 수행을 1시간 하면, 가시적이든 비가시적이든 명상의 효과는 있게 마련입니다. 명상을 처음 시작하는 사람은 명상 과정에서 '마음속에 이렇게 많은 잡념이 있었는가?'라고 종종 놀라곤 합니다. 그러나 명상을 했기 때문에 생각이 더 많이 일어나는 것이 아니라, 그전에는 인식하지 못했던 생각을 새롭게 인식했기 때문입니다. 수행자는 마음을 챙겼다가 놓치고 잘 집중하다가 또 놓치곤 합니다.

하버드대학의 하버트 벤슨(Harvert Benson) 박사는 명상 과정을 4단계 이론으로 설명합니다. 그는 '브레이크 아웃(Break Out)'이란 새로운 개념을 사용했습니다. 즉 명상을 통해 종전에 가지고 있었던 정서적 심리적 패턴이 붕괴하면서 새로운 통찰을 하게 되는 명상 체험을 말합니다. '브레이크 아웃'의 4단계 이론은 다음과 같습니다.

- 1단계 : 명상을 시작한 후 생각이 많이 일어나고 몸에 불편함과 통증들이 일어나서 힘들어하는 단계입니다. 명상을 하기 전에는 힘들지 않았는데, 명상을 하게 되니 더 고통스럽게 느껴지는 단계입니다.
- 2단계 : 어려운 문제에 고통받고 있는 사람들이 잠시 대상에서 떨어져서 여유를 가질 때 혹은 문제를 다른 시각으로 바라봤을 때 브레이크 아웃이 일어나 방아쇠가 당겨지는 단계입니다.
- 3단계 : 브레이크 아웃이 일어나 이완반응의 촉발과 함께 창의적인 통찰 경험과 같은 최정상의 경험을 하는 단계입니다. 직관력이나 새로운 아이디어의 분출, 한 차원 높은 통찰과 지혜 등이 발현되어 새로운 경험을 하는 단계입니다.
- 4단계 : 통찰 경험을 마치고 일상의 마음 상태로 돌아왔으나, 그 이전과는 달리 새롭게 향상된 마음 상태로 살아가는 단계입니다.

명상을 일정 기간 집중적으로 하면 다양한 체험을 하게 됩니다. 매우 즐거운 체험을 할 수도 있고, 불편하고 힘든 경험도 할 수 있습니다. 이런 모든 과정이 마음이 향상되는 귀중한 명상의 시간이 될 수 있습니다.

6. 명상의 이익과 효과

　명상을 꾸준히 하게 되면 명상의 효과가 나타납니다. 마치 테니스 연습을 꾸준히 하면 테니스를 잘 하게 되고, 그림을 꾸준하게 그리다 보면 그림 실력이 점차 좋아지듯이 명상을 지속적으로 실천하는 것이 중요합니다.

　『명상하는 뇌』에 따르면 "2주 동안 명상을 수련하면 주의력이 높아진다. 또한 집중력이 개선되고 마음의 방황이 감소되며 작업 기억(working memory)이 향상된다. 그중에서도 작업 기억은 시험점수가 높아지는 구체적 혜택으로 이어지기도 한다. 적은 시간을 투자해 생기는 이점들은 금방 사라질 가능성이 크지만, 이런 명상의 효과를 지속해서 누리기 위해서는 날마다 명상하는 시간을 가져야 한다."라고 했습니다.

　명상을 하게 되면 신체적 변화와 함께 심리적 변화도 오고, 영적인 이익도 경험하게 된다고 합니다. 「대념처경」에서는 "마음의 오염원인 번뇌가 정화되고, 슬픔과 비탄이 극복되며, 정신적 육체적 고통이 사라지고, 팔정도의 올바른 방법을 터득하게 하여 최상의 행복이라는 열반을 실현하게 한다."라고 했습니다.

　명상은 명상하는 자를 돕는다고 합니다. 우리 모두 명상의 혜택을 입으면서 일상의 삶을 좀 더 평화롭고 안정되게, 지혜롭고 행복하게 살아갈 수 있습니다.

세상 속의 나는 누구인가?

활동 목표
세상과 더불어 살아가고 있는 나의 존재에 대해 스스로 성찰한다.
자기를 이해하고 자신의 내면에 관심을 기울이는 기회를 가진다.

도입
활동 목표를 이해한다.
세상 속의 나는 어떤 존재인지 곰곰이 생각해 본다.

전개
'나는 어떻게 살 것인가?'에 대한 물음에 대해 깊이 생각해 본다.
나는 세상에 어떤 기여를 해야 할지 생각해 본다.
나는 어떤 올바른 행동을 실천할지 생각해 본다.
위의 내용을 옆 사람과 함께 공유한다.

정리
'세상 속의 나는 누구인가?' 활동을 통해서 느낀 점을 정리해 본다.

세상 속의 나는 누구인가? Who am I? Who am I in this world?

1. 세상은 나의 스승입니다.
이러한 세상 속에서 나를 알아가고 세상과 더불어 살아갈 방법을 찾아봅니다.

2. 자기자신 알기

'나는 어떻게 살 것인가?'에 대한 물음에 답해 봅니다.

3. 세상에 기여하기

나는 세상에 어떤 기여를 하고 싶은가요?

4. 실천계획하기

나는 내 삶의 성장을 위해서 어떤 행동을 실천할 것인가요?

WEEK **3**

호흡명상 2

1. 호흡명상이란?

호흡명상은 들숨과 날숨에 마음챙김[入出息念]을 하는 명상법입니다. 부처님이 깨달음을 얻은 수행법이자, 제자들에게 가장 많이 권유했던 방법입니다. 이러한 수행은 인도, 중국, 우리나라의 전통 수행과 서양의 현대 응용명상 분야에서도 매우 중요하게 행해지고 있습니다. 동서양을 막론하고 수많은 명상법 중에서 호흡명상이 차지하는 비중은 매우 큽니다. 가장 보편적인 명상법이자 중심이 되는 명상법이라 할 수 있습니다.

「대념처경」에서는 호흡명상에 대해서 매우 체계적인 방법론을 제시하고 있는데, 4단계와 16단계입니다. 4단계 호흡명상을 간단히 살펴보겠습니다.

2. 호흡명상의 4단계

호흡명상을 하고자 한다면 적절한 장소에서 바른 명상의 자세를 취하고 앉습니다. 그리고 마음 챙기면서 숨을 들이쉬고, 마음 챙기면서 숨을 내쉽니다.

> 「대념처경」(D22)
>
> 1단계 : 긴 숨 알아차리기
> 숨을 길게 들이쉴 때는 '길게 들이쉰다'고 분명하게 알고,
> 길게 내쉴 때는 '길게 내쉰다'고 분명하게 안다.
>
> 2단계 : 짧은 숨 알아차리기
> 숨을 짧게 들이쉴 때는 '짧게 들이쉰다'고 분명하게 알고,
> 짧게 내쉴 때는 '짧게 내쉰다'고 분명하게 안다.
>
> 3단계 : 호흡의 전 과정을 경험하며 알아차리기
> (호흡의) '온몸을 경험하면서 들이쉬리라'며 공부짓고
> (호흡의) '온몸을 경험하면서 내쉬리라'며 공부짓는다.
>
> 4단계 : 몸의 작용을 편안하게 하면서 알아차리기
> (호흡이라는) '몸의 작용을 편안히 하면서 들이쉬리라'며 공부짓고
> (호흡이라는) '몸의 작용을 편안히 하면서 내쉬리라'며 공부짓는다.

1단계~2단계는 현재 이 순간의 호흡을 있는 그대로 분명하게 알아차리는 것입니다. 긴 숨, 짧은 숨이라는 말이 있지만, 이는 일부러 호흡을 길게 하거나 짧게 하라는 의미가 아닙니다. 호흡은 몸과 마음의 상태에 따라 늘 바뀝니다. 길 때도 있고 짧을 때도 있고, 거칠거나 미세할 때도 있습니다. 호흡이 어떠하든 현재 이 순간의 호흡을 있는 그대로 마음챙기고 집중하면 됩니다. 들숨 날숨을 알아차리다 보면 숨이 부딪히는 지점이 있습니다. 바로 이 부분에서 들숨 날숨과 들숨 날숨의 감각을 분명하게 알아차리면서 마음챙기고 집중하면 됩니다.

　　3단계는 '들숨 날숨의 전체 과정'을 빠짐없이 알아차리는 것입니다. 머리부터 발끝까지의 온몸이 아니라, 들숨 날숨이 시작하는 순간부터 끝나는 순간까지의 전체 과정을 빠짐없이 다 알아차리는 것입니다. 그리고 4단계는 들숨 날숨이라는 '몸의 작용'을 편안하게 하면서 수행합니다. 호흡명상을 하다 보면 어느 순간 호흡이 고요해지는 때가 옵니다. 그것은 호흡에 주의집중이 잘 되고, 마음챙김이 잘 되고 있다는 의미입니다. 좀 더 예리한 마음으로 고요하고 미세해진 호흡을 계속 지켜봅니다. 이렇게 수행하는 것이 4단계 호흡명상의 방법입니다.

4. 호흡명상의 효과

　　호흡명상의 이익과 장점은 잡념을 끊어주고 집중력을 향상시킵니다. 집중력이 좋아지면 마음이 고요해지고 편안해지면서 행복감이 일어납니다. 고요하게 집중된 마음은 지혜와 통찰력을 일어나게 합니다. 그래서 자기의 몸과 마음, 자신이 경험하는 세상을 좀 더 선명하게 보고 알게 됩니다. 그 결과 스트레스 상황에도 잘 대처할 수 있고, 자기의 삶을 보다 더 지혜롭게 살아갈 수 있습니다. 궁극적으로는 지혜를 통해 깨달음에 이르도록 안내해줍니다.

실습 가이드

① 편안한 자세로 앉아 눈을 가볍게 감거나 반쯤 뜹니다.
② 호흡을 깊게 세 번 한 후 몸과 마음을 편안하게 이완합니다.
③ 현재 이 순간, 명상 대상에 온전하게 머물고, 자연스럽게 주의를 기울이며 알아차리겠다고 다짐해 봅니다.
④ 주의력을 코끝이나 콧구멍 입구, 윗입술 인중 부분에 가볍게 둡니다. 그 지점에서 들숨 날숨을 분명하게 알아차리고 마음을 챙깁니다.
⑤ 들숨의 처음부터 끝까지, 날숨의 처음부터 끝까지 그 모든 과정을 알아차립니다. 호흡을 알아차리는 중간에 생각이 일어나는 것은 자연스러운 현상입니다. 다만 생각 속에 너무 오래 머물러 있지 말고 빨리 호흡으로 돌아오면 됩니다. 그렇게 계속 들숨날숨을 한동안 주시하고 지켜봅니다.
⑥ 몸에 통증이나 불편한 감각들이 있다면 그것을 있는 그대로 알아차립니다. 몇 분간 그 감각을 살펴보다가 천천히 그리고 조용히 자세를 바꿔줘도 됩니다.
⑦ 호흡하면서 지속적으로 마음을 챙기고 들숨날숨 공기의 감촉들을 편안하게 자각하며 지켜봅니다.
⑧ 그렇게 호흡을 대상으로 마음챙김과 주의집중을 하다가 시간이 되면 마무리 합니다.
⑨ 감았던 눈을 천천히 뜹니다.

호흡명상 Breathing Meditation

● 호흡명상의 집중도는 어느 정도였나요?   (   ) %

● 호흡명상 중 몸에서 어떤 감각이 느껴졌나요?

● 호흡명상 중 마음에서는 어떤 생각이나 감정이 일어났나요?

● 호흡명상을 하면서 새롭게 알아차린 것을 기록해 봅니다.

이 순간 나는 행복해!

활동 목표

진정한 행복이 무엇인가에 대해 생각한다.
지금 이 순간에 집중하는 능력을 기른다.

도입

활동 목표를 이해한다.
자신의 행복에 대해 생각해 본다.

전개

휴대폰에 저장된 행복했던 순간의 사진을 선택한다.
행복했던 순간의 사진을 그대로 그려 본다.
행복했던 순간이 담긴 사진으로 옆 사람과 함께 이야기를 나눈다.
행복은 언제, 어디에 있다고 생각하는지 적어 본다.

정리

'이 순간 나는 행복해!' 활동을 통해서 느낀 점을 정리해 본다.

이 순간 나는 행복해! I am sure I am happy at this moment!

최근 자신의 휴대폰에 저장된 가장 행복했던 순간의 사진 하나를 선택해 떠오르는 감정들을 알아차리면서 그대로 그려봅니다.

- 사진 제목 :

- 사진 내용 :

행복은 언제, 어디에 있다고 생각하나요?

WEEK **4**

행복명상

1. 행복명상이란?

　우리는 행복과 만족감을 혼동합니다. 그렇다면 행복의 기준은 무엇이며 또한 행복이 무엇일까요? 행복명상은 우리에게 고통을 주는 것들을 버리고 행복을 주는 것들을 배양함으로써 마음의 평안과 만족, 즐거움을 얻고 고통으로부터 자유로워지는 명상입니다. 행복은 집착의 대상이 되어서는 안 됩니다. 행복을 집착할수록 행복에서 멀어집니다. 대신에 우리는 명상으로 삶을 바라보는 자세와 관점을 변화시켜 행복한 마음의 상태에 도달하게 해야 합니다. 이러한 행복한 마음을 배양하는 행복명상을 실습해 보도록 하겠습니다.

> **『숫타니파타』「행복경」**
>
> 어리석은 사람들을 가까이하지 말고 어진 이와 가깝게 지내며
> 존경할 만한 사람을 존경할 것, 이것이 으뜸가는 행복이다.
> 자기 분수에 알맞은 곳에 살고 일찍이 공덕을 쌓고
> 스스로 바른 서원을 하고 있는 것, 이것이 으뜸가는 행복이다.
> 아버지와 어머니를 섬기고, 아내와 자식을 돌보고,
> 일함에 혼란스럽지 않은 것, 이것이 으뜸가는 행복이다.
> 악을 싫어해 멀리하고 술을 절제하고
> 덕행을 소홀히 하지 않는 것, 이것이 으뜸가는 행복이다.
> 존경·겸손·만족·감사
> 때로는 가르침을 듣는 것, 이것이 으뜸가는 행복이다.

　「행복경」에서 부처님께서는 '최상의 행복이 무엇인지'에 대해 '행복은 자애와 연민, 보시, 부드럽고 친절한 말 등 이타행을 통해서 도달할 수 있는 마음의 상태'임을 암시하고 있습니다. 이런 의미에서 행복은 저절로 생겨나는 것이 아니라 배우고 노력해서 얻어지는 것임을 알 수 있습니다.

2. 행복 배양하기

　행복은 무엇인가를 추구하여 목표의식으로 달성했을 때 느끼는 성취감 혹은 만족감입니다. 더불어 자애와 연민 그리고 보시, 부드럽고 친절한 말 등 이타행을 통해서 느끼는 마음의 상태를 말합니다. 현대사회에서 바쁘게 사는 우리은 만족감과 행복감을 구별하기 쉽지 않습니다. 「행복경」에서도 알 수 있었듯이, 우리는 행복도 다른 기술처럼 배우고 훈련 해야 합니다.

　행복명상을 하면서 서로 이야기를 나눌 때는 상대의 말에 판단하지 않고 따뜻하게 경청하게 됩니다. 그리고 '행복하지 않은 경험'과 '자신에 대한 판단' 또한 올라오는 것을 알아차릴 수 있습니다. 이때는 이것이 누구에게나 나타날 수 있는 자연스러운 반응이라는 것을 기억합니다. 그런 다음 의도적으로 긍정적인 정서에 집중하려고 노력해 봅니다. 행복명상에서 가장 중요한 것은 건강한 의도를 갖는 것입니다.

3. 행복명상의 효과

　긍정심리학에서는 삶의 의미를 깊게 이해하고 발견하는 것을 강조합니다. 삶의 의미를 찾고 발견하는 것은 개인의 행복과 만족감을 높이는 데 중요한 역할을 하기 때문입니다. 행복은 인간의 삶을 보다 긍정적으로 변화시킬 수 있습니다. 이처럼 행복명상을 하게 되면 긍정적인 마음과 자존감이 향상되며 소통과 공감 능력이 좋아져서 대인관계를 원활하게 할 수 있습니다.

　『달라이라마의 행복론』에서 그는 행복에 대해 "인간은 행복을 추구하는 존재입니다. 그리고 사랑, 애정, 친밀감, 자비심이 행복을 가져다준다는 것은 분명합니다. 난 우리 각자가 행복해질 수 있는 능력을 갖추고 있으며, 행복을 가져다주는 따뜻한 마음과 자비심을 키울 수 있다고 믿습니다."라고 하셨습니다. 이렇듯 행복은 배우고 훈련해서 익히는 것입니다.

실습 가이드

「행복경」을 음미해 보고, 자신이 추구하는 행복이 무엇인지 사유해 봅니다.

❶ 편안한 자세로 앉아 눈을 가볍게 감거나 반쯤 뜹니다.
❷ 호흡을 깊게 세 번 한 후 몸과 마음을 편안하게 이완합니다.
❸ 눈을 뜨고 「행복경」의 문구를 마음으로 음미해 봅니다.

> 어리석은 사람들을 가까이하지 말고 어진 이와 가깝게 지내며 존경할 만한 사람을 존경할 것, 이것이 으뜸가는 행복이다.
>
> 자기 분수에 알맞은 곳에 살고 일찍이 공덕을 쌓고 스스로 바른 서원을 하는 것, 이것이 으뜸가는 행복이다.
>
> 아버지와 어머니를 섬기고 아내와 자식을 돌보고, 일함에 혼란스럽지 않은 것, 이것이 으뜸가는 행복이다.
>
> 악을 싫어해 멀리하고 술을 절제하고 덕행을 소홀히 하지 않는 것, 이것이 으뜸가는 행복이다.
>
> 존경·겸손·만족·감사 때로는 가르침을 듣는 것, 이것이 으뜸가는 행복이다

❹ 위의 인용문 가운데 무엇을 할 때 행복할지 선택해 봅니다.
❺ 행복을 위해 버리고 싶은 부정적인 생각에는 어떤 것들이 있는지 찾아봅니다.
❻ 행복을 위해 키우고 싶은 긍정적인 생각에는 어떤 것들이 있는지 생각해 봅니다.
❼ 행복을 위해 어떤 실천을 해볼 수 있는지 생각해 봅니다.

행복명상 Happiness Meditation

- 행복명상의 집중도는 어느 정도였나요?   (   ) %

- 『행복경』 중 여러분이 생각하는 '으뜸가는 행복'은 무엇인가요?

- 자신이 생각하는 으뜸가는 행복은 무엇인가요?

- 행복을 위해서 어떤 실천을 해야 할까요?

- 행복명상을 하면서 새롭게 알아차린 것을 기록해 봅니다.

칭찬 인터뷰

활동 목표

칭찬이 가지는 진정한 의미를 생각해 본다.
칭찬의 중요성을 인식한다.

도입

활동 목표를 이해한다.
자신의 칭찬할 점에 대하여 생각해 본다.

전개

두 사람 중 누가 먼저 인터뷰할지 순서를 정한다.
서로 교재를 교환한다.
상대방에게 칭찬할 점이 무엇인지 질문한다.
상대방의 대답을 기록한다.
순서를 바꿔서 같은 방법으로 인터뷰를 진행한다.
기록한 칭찬할만한 점에 대해서 서로 공감해 준다.

정리

칭찬 인터뷰 활동을 통해 느낀 점을 나눈다.

칭찬 인터뷰 Compliment interview

상대방의 장점에 대해 인터뷰하고 내용을 기록합니다.

당신은 스스로에게 칭찬할 만 점이 무엇이 있나요?

- 칭찬 메모

    ❶
    ❷
    ❸
    ❹
    ❺

- 칭찬 인터뷰를 통해 상대방에게 어떤 배울 점을 발견했나요?

WEEK 5

마음관찰명상

1. 마음관찰명상이란?

마음관찰명상이란 신수심법(身受心法) 4념처에서 세 번째 심념처(心念處) 명상법입니다. 심념처 명상이란 마음의 다양한 상태들을 있는 그대로 알아차리고 관찰하여 마음챙김을 확립해나가는 방법입니다. 마음은 몸처럼 구체적인 물질이 아니고 정신입니다. 그래서 무엇을 관찰해야 하는지 어려워하기도 합니다. 우리가 마음(정신)을 관찰한다고 할 때, 제일 먼저 생각이나 감정을 관찰하는 것으로 시작합니다. 생각이나 감정을 알아차리면 그것은 마음을 보는 것과 같습니다.

사람은 하루에도 2만 내지 8만 가지 생각한다고 합니다. 그만큼 마음에는 많은 생각들이 오고 갑니다. 한 생각이 일어났다가 사라지고, 다음 생각들이 또 일어납니다. 그렇게 계속 다양하게 변화하는 마음 상태를 알아차리고 통찰하고자 하는 것이 마음관찰명상입니다.

그저 단순하게 마음 상태만을 관찰하는 것이 아니라 마음의 속성이나 본성, 특성도 관찰해야 합니다. 마음은 영원한지 아니면 변하는지? 마음은 고정되었는지 아니면 시시때때로 조건따라 변하는지? 면밀하게 알아차리며 관찰해야 합니다. 그래서 어떤 마음이 일어나든지 놓치지 않고 잃어버리지 않으면서 마음챙김이 확립되도록 노력합니다.

2. 마음관찰명상의 방법

「대념처경」에서는 몸과 느낌, 마음과 법이란 네 가지 대상에 마음챙김을 확립해 가는 통찰명상에 대하여 말하고 있습니다.

「대념처경」(D22)

비구들이여, 어떻게 비구(수행자)가 마음에서 마음을 관찰하며 머무는가?
비구들이여, 여기 비구는,
 1) 탐욕이 있는 마음을 탐욕이 있는 마음이라 꿰뚫어 안다.
    탐욕을 여읜 마음을 탐욕을 여읜 마음이라 꿰뚫어 안다.
 2) 성냄이 있는 마음을 성냄이 있는 마음이라 꿰뚫어 안다.
    성냄이 없는 마음을 성냄이 없는 마음이라 꿰뚫어 안다.

3) 미혹이 있는 마음을 미혹이 있는 마음이라 꿰뚫어 안다.
미혹이 없는 마음을 미혹이 없는 마음이라 꿰뚫어 안다.
4) 위축된 마음을 위축된 마음이라 꿰뚫어 안다.
산란한 마음을 산란한 마음이라 꿰뚫어 안다. …(중략)…

위의 인용문은 자신의 마음속에 탐진치가 있는지 없는지를 관찰하라는 내용입니다. 이 중 네 번째는 위축된 마음인가 산란한 마음인가 분명하게 관찰하라고 합니다. 현재 이 순간 마음 상태에 있더라도 있는 그대로 알아차리고 마음챙기면 됩니다.

명상하기에 적절한 공간에서 편하게 앉아 마음을 관찰해도 좋고, 또는 일상생활 속에서 생각과 감정이 일어날 때마다 관찰하면 됩니다. 생각이나 감정이 일어날 때, 좋다 나쁘다라고 판단하여 평가하기보다는 '이런 마음이 있구나'라는 관찰자의 입장으로 알아차리면 됩니다.

3. 마음관찰명상의 효과

마음관찰명상을 하게 되면 생각이 빨리 끊어지고 마음이 고요하게 정화됩니다. 그리고 슬픔이나 비탄, 고뇌들이 사라지고 육체적 정신적 고통도 가라앉으며, 궁극적으로는 열반을 성취하게 된다고 경전은 말합니다.

이 명상을 수시로 하게 되면, 부정적인 마음이 일어나는 현상을 빨리 알아차립니다. 알아차림과 관찰 능력이 예리하게 계발되면 갈등이나 문제의 원인을 미리 차단할 수 있습니다. 그리고 생각이나 감정은 수시로 변하는 것임을 통찰하게 됩니다. 통찰력과 지혜가 생기면 스트레스 상황에서도 흔들리거나 압도되지 않고, 지혜롭게 대처하며 자신과 타인을 잘 돌볼 수 있게 됩니다.

실습 가이드

❶ 편안한 자세로 앉아 눈을 가볍게 감거나 반쯤 뜹니다.

❷ 호흡을 깊게 세 번 한 후 몸과 마음을 편안하게 이완합니다.

❸ 지금 여러분의 마음 상태는 어떠한가요? 어떤 생각들이 일어났다 사라지는지 관찰을 해봅니다. 탐욕이 있는지 없는지, 누군가에게 집착하는 마음이 있는지 없는지 살펴봅니다.

❹ 또는 누군가를 싫어하거나 혐오하는 마음이 있는가? 살펴봅니다. 이런 마음이 있을 때 마음에서는 또 어떤 반응이 일어나고, 몸에는 어떤 반응이 있는지도 관찰해 봅니다.

❺ 지금 나른하거나 졸리거나 무기력한 마음이 있나요? 아니면 마음이 분주하게 방황하고 있나요? 누군가와 갈등이 있어서 아니면 해야 할 어려운 과제가 있어서, 혹은 원인도 모를 미세한 불안과 두려움 때문에 마음이 초조한지 관찰해 봅니다.

❻ 아니면 지금 마음이 편안하고 가볍고 안정된 상태인가요? 그럼 바로 그 상태에서 '마음이 편안하다, 안정되어 있다'라고 있는 그대로 마음 상태를 자각하면서 알아차립니다. 고요하고 편안한 마음, 깨끗한 마음도 관찰 대상입니다.

❼ 어떤 특정한 마음에 오래 머물거나 빠지는 것을 조심하면서 마음을 관찰하다가 시간이 되었으면 명상을 마무리 합니다.

마음관찰명상 Mind Observation Meditation

● 마음관찰명상의 집중도는 어느 정도였나요?   (   ) %

● 마음관찰명상 중 몸에서 어떤 감각이 느껴졌나요?

● 마음관찰명상 중 마음에서는 어떤 생각이나 감정이 일어났나요?

● 마음관찰명상을 하면서 새롭게 알아차린 것을 기록해 봅니다.

내 감정 바라보기

활동 목표

자신의 감정에 대해 이해한다.
자신의 감정을 있는 그대로 바라보는 훈련을 한다.

도입

활동 목표를 이해한다.
자신에게 자주 발견되는 부정적인 감정이 무엇인지 생각해 본다.

전개

최근에 자신이 느낀 부정적인 감정을 모두 찾아본다.
왜 이러한 부정적인 감정을 느꼈는지 생각해 본다.
부정적인 감정 뒤에 숨어 있는 자신의 진정한 바람이 무엇인지 발견해 본다.
자신의 감정을 알아차리고 있는 그대로 수용한다.

정리

'내 감정 바라보기'의 활동을 통해 느낀 점을 정리해 본다.

내 감정 바라보기 Facing my emotion

**감정은 있는 그대로 알아차리는 대상입니다. 나를 억누르고 있는 부정적인 감정에는 더 좋아지고 싶은 바람이 숨어 있기도 합니다.
아래 열거된 부정적인 감정 중 요즘 자신이 느끼는 감정에 표시해 봅니다. 그리고 왜 이러한 감정들을 경험하는지 상대방과 나누어 봅니다.**

답답함 · 슬픈 · 절망적인 · 서운한 · 귀찮은 · 기막힌 · 아까운 · 어이없는 · 수치심 · 소외감
패배감 · 죄책감 · 비참함 · 피곤한 · 자격지심 · 배신감 · 초조한 · 억울한 · 지루한 · 걱정되는
불안한 · 불만족 · 주눅든 · 긴장되는 · 강박 · 고통스러운 · 두려운 · 창피한 · 아쉬운 · 시기
질투 · 분노 · 화나는 · 열등감

- 위에 표시한 감정 중 한 가지를 선택하여 그 감정 뒤에 숨어 있는 더 좋아지고 싶은 바람이 무엇인지 적어 봅니다.

지금 경험하고 있는 자신의 감정을 외면하지 않고 인정해 주고 그 감정 뒤에 있는 바람 또한 알아줍니다.

자비명상

1. 자비명상이란?

불교에서는 전통적으로 우리가 수행을 통해 길러야 할 핵심 자질로 지혜와 자비를 말합니다. 자비(慈悲)란 우리 자신과 마찬가지로 다른 사람들도 행복을 원하고, 고통과 불행을 피하고 싶어 한다는 사실을 인식하면서 모든 존재가 고통에서 벗어나기를 바라는 마음입니다. 불교는 생명 전반에 대한 차별 없는 존중을 강조합니다. '무아(無我)'의 개념을 통해 우리는 서로 연결되어 존재하므로 나의 행복이 타인의 행복이 될 수도 있고, 타인의 행복 또한 나의 행복이 될 수 있다는 지혜를 가르칩니다. 따라서 무아에 대한 진실한 자각은 우리를 자비의 실천으로 이끌어주며, 자비수행은 공(空)과 무아를 깨닫고 체득해 가는 과정입니다. 자비명상은 차별 없는 자애와 연민의 마음을 대상을 향해 전하며 자비의 마음을 배양하고 확장해 가는 수행법입니다.

> **「라훌라를 교계한 긴 경」(M62)**
>
> "라훌라야, 자애의 수행을 닦아라. 라훌라야, 네가 자애의 수행을 닦으면 어떤 악의라도 다 제거될 것이다.
>
> 라훌라야, 연민의 수행을 닦아라. 라훌라야, 네가 연민의 수행을 닦으면 어떤 잔인함이라도 다 제거될 것이다.
>
> 라훌라야, 더불어 기뻐함의 수행을 닦아라. 라훌라야, 네가 더불어 기뻐함의 수행을 닦으면 어떤 싫어함이라도 다 제거될 것이다.
>
> 라훌라야, 평온의 수행을 닦아라. 라훌라야, 네가 평온의 수행을 닦으면 어떤 적의라도 다 제거될 것이다."

2. 자비의 의미

자비(慈悲)는 자애[慈]와 연민[悲]이 결합된 말입니다. 여기서 자애(慈愛, mettā)는 어원적으로 친구, 우정을 의미하는 미트라(mitra)라는 어원에서 시작되어 '사랑, 우호, 연민, 호의, 타인에 대한 능동적 관심'으로 정의됩니다. 다시 말해 모든 존재를 친구로 여겨 자신을 비롯한 모든 존재가 행복하고 평안하기를 바라는 마음과 이익 그리고 행복을 주려는 마음이 자애입니다. 즉, 자애는 보편적인 사랑의 마음으로 긍정적 정서를 증장시키는 것이라고 볼 수 있습니다.

연민(憐愍, karuṇā)은 '함께 아파한다'라는 의미로 다른 사람의 고통에 대해서 함께 공감하고, 위로해 주고, 고통을 덜어주려는 마음입니다. 연민은 고통을 대하는 태도로써 부정적 정서를 감소시킵니다. 연민은 자기 자신을 포함한 모든 이들에게 고통을 주지 않을 뿐만 아니라, 한걸음 더 나아가서 적극적으로 그들의 고통을 없애주려는 적극적인 의미가 포함되어 있습니다.

특별히 자기 자신에게 연민의 마음을 키울 수 있도록 개발된 자기연민명상은 친구를 위로하듯 자신을 위로하는 방법을 안내하고 있습니다. 마음챙김이 그 바탕이 되고 있으며 자신에 대한 가혹한 비난이나 판단보다는 이해와 친절로 스스로를 돌볼 수 있도록 도와줍니다. 우리가 경험하는 괴로움은 인간이라면 누구나 겪을 수 있는 보편적인 경험의 일부임을 이해하고, 자신을 고립시키거나 억압하지 않으며 지혜롭게 헤쳐나갈 수 있도록 힘이 되어주는 명상법입니다.

3. 자비명상의 효과

자비명상 수행은 긍정적 정서 경험을 증장시키고, 이타적 행동과 배려심 등 공동체적 태도와 생활양식을 계발하는데 매우 효과적인 방법이 될 수 있습니다.

실제로 많은 연구에서 자비명상 이후 긍정적 감정과 연관된 왼쪽 전전두엽의 활동이 두드러지고, 부정적 감정과 연관이 있는 오른쪽 전전두엽의 활동성이 현저히 낮은 것으로 나타났습니다. 또한 자비명상은 대인관계 신뢰와 연결감을 증대시키고 집단 내 편견을 감소시킵니다. 간혹 자기연민을 동정심, 이기심, 변명, 자기애 등과 혼동하기도 합니다. 그러나 자기연민적인 사람들이 실패나 좌절에서 회복하는 힘이 높으며 고통을 잘 감내하고 타인을 잘 돌봐주며 자기관리를 통해 건강한 삶을 살아간다고 연구되어 있습니다.

실습 가이드

❶ 편안한 자세로 앉아 눈을 가볍게 감거나 반쯤 뜹니다.
❷ 호흡을 깊게 세 번 한 후 몸과 마음을 편안하게 이완합니다.
❸ 자신이 다른 이들에게 베푼 작은 선행을 한 가지 떠올려 봅니다.
❹ 입가에 부드러운 미소를 띠고 친절한 마음으로 자신에게 따뜻한 미소를 보내 봅니다.
❺ 이제는 자신이 최근에 겪었던 힘든 일들 가운데 감정에 압도되지 않을 만한 중간 정도의 어려움을 한 가지 떠올려 봅니다.
❻ 자신을 향한 자비의 마음을 좀 더 분명하게 일으키고 싶다면 가슴에 한 손, 또는 두 손을 부드럽게 올려도 좋습니다.
❼ 그리고 자신을 향한 따뜻한 마음으로 다음의 문구를 두세 차례 천천히 반복해 봅니다.

(내가) 건강하고 행복하기를…
(내가) 고통으로부터 자유롭기를…
(내가) 위험으로부터 벗어나기를…
(내가) 고난을 잘 이겨낼 수 있기를…

(자신에게 들려주고 싶은 자비 문구를 만들어 봅니다.)

❽ 다음은 주변에 어려움을 겪고 있는 한 대상을 떠올려 봅니다.
'내가 행복하고 고통이 없기를 바라는 것처럼 그도 행복하고 고통이 없기를 바란다.'라는 사실을 기억하면서 위의 자비 문구를 그를 향해 천천히 반복해 봅니다.
❾ 다음은 자비의 마음을 확장하여 모든 존재들에게 위의 자비의 문구를 천천히 반복해 봅니다.
❿ 이제 자연스럽게 호흡하면서 자비명상을 한 느낌을 알아차려 봅니다.
⓫ 그 느낌에 충분히 머물렀다고 생각되면 천천히 눈을 듭니다.

자비명상 Loving-Kindness Meditation

● 자비명상의 집중도는 어느 정도였나요?   (   ) %

● 자비명상 중 몸에서 어떤 감각이 느껴졌나요?

● 자비명상 중 마음에서는 어떤 생각이나 감정이 일어났나요?

● 자비명상을 하면서 새롭게 알아차린 것을 기록해 봅니다.

내 인생의 가치를 찾아서

활동 목표

개개인의 가치와 존엄성을 이해한다.
자신의 삶의 가치를 확인한다.

도입

활동 목표를 이해한다.
자신이 어떤 삶의 가치를 추구하며 살고 있는지 생각해 본다.

전개

나는 어떤 사람이 되고 싶은지 생각해 본다. (수단)
나는 무엇을 위해 살고 싶은지 생각해 본다. (가치)
왜 '이런 사람이 되어서 이렇게 살고 싶은지' 그 이유를 찾아본다.
인생 전체를 바칠만한 소중한 가치에 대해 깊이 성찰한다.

정리

삶의 가치의 중요성과 실천 방법에 대하여 느낀 점을 정리해 본다.

내 인생의 가치를 찾아서 Finding value of my life

**나는 어떤 사람이 되고 싶은가요? 나는 무엇을 위해 살고 싶은가요?
곰곰이 생각해 봅니다.**

나는 _____ 이 되고 싶다.

나는 _____ 을(를) 위해 살고 싶다.

- 위에서 '나는 이런 사람이 되어서 이런 가치를 위해 살고 싶다'고 했습니다.
  그 이유와 가치실현을 위해 실천하고 있는 방법을 적어 봅니다.

WEEK

7

먹기명상

1. 먹기명상이란?

먹기명상은 음식을 먹으면서 알아차리는 명상입니다. 음식 하나를 온전히 알아차리며 바라볼 때 이 음식에 온 우주가 담겨 있음을 알 수 있습니다. 음식은 햇빛, 비바람, 영양분, 사람의 손길 등에 의해 생성된 것이기 때문입니다. 이 명상은 호흡에 주의를 기울이듯, 음식을 먹는 전 과정에 주의를 기울이는 것입니다. 단지 먹는 행위만을 알아차리는 것이 아니라, 먹으면서 경험하는 몸과 마음의 모든 반응까지 자각하고자 하는 것입니다. 먹기명상은 음식에 대한 강한 충동을 알아차릴 수 있으므로 먹는 속도와 음식을 절제하는 힘을 기를 수 있습니다.

2. 먹기명상의 방법

음식을 절제하면 얻는 이익에 대하여 『쌍윳따니까야』의 「양동이 분량의 음식경」에서는 다음과 같이 말합니다.

「양동이 분량의 음식경」(S3:13)

"그 무렵 빠세나디 꼬살라 왕은 양동이 분량의 음식을 먹었다. 그때 왕은 음식을 잔뜩 먹고 숨을 헐떡거리며 세존께 다가갔다. 가서는 세존께 절을 올리고 한 곁에 앉았다. 세존께서는 왕이 음식을 잔뜩 먹고 숨을 헐떡거리는 것을 아시고 다음 게송을 읊으셨다.
'사람이 항상 사띠해서 음식의 적당량을 알면 괴로운 느낌은 줄어들고 목숨 보존하며 천천히 늙어가리.'…세존의 곁에서 그 게송을 배워서 왕이 식사할 때마다 외웠다.

깨어 있는 마음으로 하는 식사는 보고, 듣고, 맛보고, 냄새 맡고, 느끼는 모든 감각에 골고루 주의를 기울일 수 있는 명상 방법입니다. 음식을 먹으면서도 얼마나 알아차림을 놓치고 자동 조종 상태로 먹고 있는지 먹기명상 실습으로 알게 됩니다. 또한 음식을 살펴보고, 질감도 느끼며 냄새를 맡아보고 씹고 삼키는 먹는 전 과정을 관찰합니다. 이렇게 관찰하는 동안 음식의 적당량을 알고 조절할 수 있으며 습관적으로 먹고 있다는 사실을 자각할 수 있습니다. 그러므로 과식하지 않게 됩니다. 먹기명상은 음식을 먹으면서도 마음챙김과 알아차림을 훈련하는 유익한 시간이 될 것입니다.

3. 먹기명상의 효과

주의를 기울이면서 먹기명상을 하면 그동안 인식하지 못했던 몸의 움직임과 동작에 대한 명료한 자각이 있게 됩니다. 먹기명상을 하게 되면 음식 고유의 다양한 맛을 발견할 수 있습니다. 또한 현재 이 순간에 온전하게 깨어있으면서 마음의 평정심도 유지할 수 있습니다. 적어도 의식적으로 첫 번째 한 숟가락의 음식만이라도 주의를 기울이며 먹어보기를 바랍니다.

또한 이 음식이 나에게 오기까지 도움을 준 수많은 사람의 사랑과 수고가 있음을 알 수 있습니다. 이는 우리가 모두 연결되어 있다는 사실을 다시 한번 일깨워 주기도 합니다. 불교에서는 이런 의미를 되새기기 위해 음식을 먹기 전 이 음식이 나에게 오기까지 수고해준 모든 이에게 고마움을 전하며 공양게송을 읊고 마음에 새기며 음식을 먹습니다.

공양게송

거룩한 삼보에 귀의하며 이 음식을 받습니다.
이 공양이 있기까지 수많은 인연에 감사하며
모든 생명에 부처님의 가피가 가득 하소서.

사바하

앞으로 음식에 대한 감사함과 함께 천천히 그리고 충분히 음식을 먹는 전 과정을 알아차리며 먹기명상을 해보기 바랍니다.

실습 가이드

❶ 허리를 펴고 바르게 앉습니다.
❷ 눈앞에 있는 음식을 바라보고 어떤 색깔과 모양인지 살펴봅니다.
❸ 음식을 만지면서 손에서 어떤 감각이 느껴지는지 알아차려 봅니다.
❹ 이제 냄새를 맡아 봅니다.
❺ 음식을 입에 넣고 경험되는 것을 알아차립니다.
❻ 천천히 그리고 의도적으로 음식을 씹으면서 어떤 맛이 경험되는지 알아차립니다.
❼ 씹으면서 맛의 변화도 알아차립니다.
❽ 삼키고 싶은 충동이 있다면 의도를 알고 천천히 삼킵니다.
❾ 음식을 삼킬 때 생기는 감각의 변화도 알아차립니다.
❿ 감각과 감정이 항상 그대로 있지 않고 나타났다가 사라진다는 것을 알아차립니다.
⓫ 먹기명상 중에 일어날 수 있는 모든 생각과 감정, 몸의 감각과 삼키고 난 후 지속되는 경험까지도 알아차립니다.
⓬ 현재 이 순간에 잠시 그대로 머물다가 마무리 합니다.

먹기명상 Eating Meditation

● 먹기명상의 집중정도는 어느 정도였나요?   (   ) %

● 먹기명상 중 알아차린 것을 적어 봅니다.

　❶ 음식을 보았을 때:

　❷ 소리를 들었을 때:

　❸ 향기를 맡았을 때:

　❹ 맛을 보았을 때:

　❺ 손으로 만졌을 때:

● 먹기명상 중 마음에서는 어떤 생각이나 감정이 일어났나요?

● 먹기명상을 하면서 새롭게 알아차린 것을 기록해 봅니다.

나의 하루 관리

활동 목표
자신의 하루 관리를 통해 계획적인 삶에 대해 인지한다.
시간의 소중함과 올바른 생활 태도를 기른다.

도입
활동 목표를 이해한다.
자신이 어떤 하루를 보내는지 구체적으로 생각해 본다.

전개
오전과 오후로 나눠서 자신이 보내는 하루의 시간 목록을 작성한다.
없애야 할 습관, 지켜야 할 습관, 필요한 습관으로 나누어 습관 목록을 작성한다.
자신의 하루 관리가 만족스러운지 생각해 본다.
시간 목록과 습관 목록 중 어떤 점을 고치고 어떤 점을 지켜나가야 할지 고민해 본다.

정리
하루 관리 활동을 통해 느낀 점을 정리해 본다.

나의 하루 관리 My day management

하루를 어떻게 보냈나요? 나에게 어떤 습관들이 있나요?
시간 목록과 습관 목록을 작성해 하루를 점검해 봅니다.

시간 목록

오전	오후

습관 목록

없애야 할 습관	지켜야 할 습관	필요한 습관

앞으로 어떻게 시간 관리를 하고, 습관을 관리할 것인지 간단히 적어 봅니다.

WEEK **8**

이완명상

1. 이완명상이란?

우리는 일상의 많은 시간을 우리 자신을 불편하게 만드는 다양한 생각들과 감정들로 인해 얼마나 몸과 마음이 긴장되어 있는지를 알아차리지 못한 채 살아갑니다. 이완명상은 몸과 마음에서 일어나는 긴장, 스트레스, 불안 등 편안하지 않은 상태를 알아차리면서 몸과 마음의 회복력을 길러주는 명상을 말합니다. 이완명상의 대표적인 예로는 현대 명상 프로그램에서 가장 널리 사용되고 있는 바디스캔(Body Scan)이 있습니다. 바디스캔은 몸에서 일어나는 모든 느낌과 감각들을 온전히 경험하면서 현재 이 순간에 현존하는 것입니다. 몸에서 느끼고 감지되는 모든 현상에 알아차림을 적용하여 스트레스, 불안, 신체 통증 등을 다스리는데 도움을 주고 있습니다.

「바닥없는 구렁텅이 경」(S36:4)

"배우지 못한 범부는 육체적인 괴로운 느낌을 느끼게 되면 근심하고, 상심하고, 슬퍼하고, 가슴을 치고 울부짖으며 광란한다. 그런 사람을 일러 '바닥없는 구렁텅이에서 발 디딜 곳을 찾지 못하는 배우지 못한 범부'라 한다.
그러나 잘 배운 성스러운 제자는 육체적인 괴로운 느낌을 겪게 되더라도 근심하지 않고, 상심하지 않고, 슬퍼하지 않고, 가슴을 치지 않고, 울부짖지 않고, 광란하지도 않는다. 그를 일러 바닥없는 구렁텅이에서 발 디딜 곳을 찾아내는, 참으로 잘 배운 성스러운 제자라 한다."

2. 스트레스와 이완

오늘날 현대인들은 다양한 스트레스와 불안 요인에 직면하고 있습니다. 스트레스란 외부의 위협, 공격 등에 대항해 신체를 보호하려는 신체와 심리의 변화 과정을 말합니다. 스트레스를 받으면 위험에 대항하기 위해 신체는 스트레스 호르몬이라고 불리는 코르티솔(Cortisol)과 같은 신경 전달 물질을 방출합니다. 그러나 이러한 물질들이 계속 몸에 흐르게 되면 부신피질 호르몬인 아드레날린이 과도하게 분비되어 면역계를 비롯한 몸의 기능들을 제대로 발휘하지 못하게 만듭니다.

이때, 우리는 명상 수행을 통하여 스트레스에 대한 자동적 반응에서 벗어나 건강하고 조화로운 방식으로 그것에 대응하는 방법을 선택할 수 있습니다. 현재 자신이 느끼고, 생각하고, 경험하고 있는 것들에 대한 명료한 알아차림은 교감 및 부교감 신경계의 균형을 잡는데 중요한 역할을 합니다. 이를 통하여 스트레스 상황에 평정심으로 대응함으로써 몸과 마음을 편안히 이완시키고 안정감을 갖는데 도움을 줄 것입니다.

이 명상의 중요한 의도는 몸의 느낌과 감각이라는 대상에 대한 주의집중을 통해 알아차림을 하는 것입니다. 알아차림의 과정은 우리를 어렵게 만들어온 자동적 사고, 습관, 기억, 행동들을 알아차리고 새로운 삶의 방식을 선택하도록 도우며 이를 통해 몸과 마음의 이완 상태에 도달하도록 해줍니다.

3. 이완명상의 효과

이완명상의 대표적인 효과는 심신이완입니다. 명상을 하고 나면 육체적인 피로가 풀리고 정신이 맑아지는 등 신체적, 정신적으로 회복되는 것을 체험할 수 있습니다. 이에 따라 몸과 마음이 통합되어 편안하고 가벼워집니다.

일반적으로 우리의 뇌파는 베타파의 상태입니다. 그러나 명상을 하게 되면 뇌파가 알파파 상태로 변화한다는 것을 많은 연구를 통해 확인할 수 있습니다. 알파파는 베타파보다 좀 더 부드러운 파형을 나타내는데, 그것은 마음이 편안하고 안정되어 있음을 나타내주는 의미입니다. 명상을 좀 더 지속적이고 깊이 하면 세타파 상태로 변화합니다. 세타파는 마음이 한층 더 고요하고 행복해졌으며 통찰력이 생겼다는 의미입니다. 그래서 명상을 하게 되면 뇌파가 베타파-알파파-세타파로 변화하게 됩니다. 이러한 결과로 스트레스를 완화하며 마음의 여유와 안정감을 갖도록 도와줍니다.

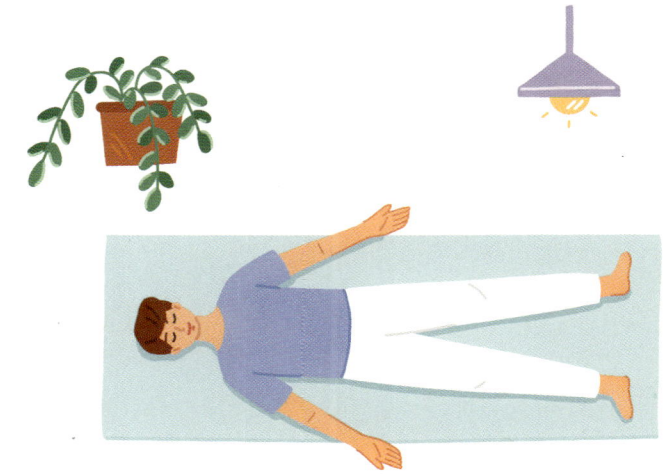

실습 가이드

❶ 편안한 자세로 앉아 눈을 가볍게 감거나 반쯤 뜹니다.
바닥에 누워도 좋습니다. 자칫 잠에 빠질 수 있으니 알아차림을 유지하려고 노력합니다.
❷ 호흡을 깊게 세 번 한 후 몸과 마음을 편안하게 이완합니다.
❸ 자연스럽게 호흡하면서 들숨과 날숨을 알아차려 봅니다.
❹ 이제 천천히 호흡에 대한 자각을 몸으로 옮겨갑니다. 머리부터 발끝까지 몸 전체를 훑으면서 어느 부위가 딱딱하거나 긴장되어 있는지 관심을 가지고 알아차려 보겠습니다.
❺ 몸의 감각으로부터 생기는 어떠한 생각이나 감정도 모두 알아차려 봅니다. 먼저, 왼쪽 발이 바닥에 닿는 감각을 있는 그대로 느껴봅니다. 왼쪽 발가락, 발등, 왼쪽 발목, 종아리, 왼쪽 무릎, 왼쪽 허벅지, 왼쪽 고관절의 느낌을 알아차린 후 깊은 호흡과 함께 왼쪽 다리의 긴장이 이완되는 것을 느껴 봅니다.
❻ 오른발로 주의를 가져가 오른발과 바닥이 닿는 부위의 감각을 느껴 봅니다. 그리고 오른쪽 발가락, 발등, 발목, 종아리, 오른쪽 무릎, 오른쪽 허벅지, 오른쪽 고관절의 느낌을 알아차린 후 깊은 호흡과 함께 오른쪽 다리의 긴장이 이완되는 것을 느껴 봅니다.
❼ 천천히 바닥과 접촉된 엉덩이의 느낌을 느껴 봅니다. 다음은 골반, 아랫배의 부위로 주의를 옮겨서 그 느낌을 느껴 봅니다.
❽ 윗배로 주의력을 옮겨서 그 느낌과 감각을 알아차립니다.
❾ 가슴 부위로 이동하여 느낌과 감각을 알아차립니다.
❿ 왼손에서 왼쪽 어깨까지 천천히 주의를 옮겨가며 그 부위의 느낌을 알아차립니다.
⓫ 오른손에서 오른쪽 어깨까지 천천히 주의를 옮겨가며 그 부위의 느낌을 알아차립니다.
⓬ 목과 얼굴 전체, 그리고 머리 뒷부분과 바닥이 접촉하는 느낌도 알아차립니다.
⓭ 주의를 몸 전체로 확장시켜 머리부터 발끝까지 천천히 관찰하면서 깊은 호흡과 함께 몸 전체의 긴장이 이완되는 것을 느껴 봅니다.
⓮ 이제 주의를 호흡으로 가져와 자연스럽게 호흡하면서 천천히 눈을 뜹니다.

이완명상 (바디스캔) Relaxation Meditation (Body Scan)

● 이완명상의 집중도는 어느 정도였나요?   (   ) %

● 이완명상 중 몸에서 어떤 감각이 느껴졌나요?

● 이완명상 중 마음에서는 어떤 생각이나 감정이 일어났나요?

● 이완명상을 하면서 새롭게 알아차린 것을 기록해 봅니다.

WEEK **9**

걷기명상 2

1. 걷기명상이란?

걷기명상은 경행(經行), 행선(行禪)이라고 합니다. 걸음걸음에 마음을 챙기고 알아차리는 동적인 명상의 대표적인 방법이 바로 걷기명상입니다. 우리는 하루에 많은 시간을 걷기 때문에 일상에서 쉽게 해 볼 수 있는 아주 좋은 명상법입니다.

걷기명상은 걸음걸음에 마음을 챙기고 주의를 기울이는 방법입니다. 우리가 걸을 때는 다리나 발이 그냥 움직이는 것이 아닙니다. 걷거나 앉거나 눕고자 하는 마음의 의도가 있었기 때문입니다. 그래서 의도도 분명하게 알아차릴 대상입니다.

걷기명상은 실내에서 할 수도 있고, 공원이나 산책길에서 할 수도 있습니다. 천천히 걸으면서 할 수도 있고, 보통의 걸음 속도나 혹은 빠르게 걸으면서도 할 수 있습니다. 일정한 거리를 정해놓고 왔다 갔다 하는 방법도 있고, 둥글게 돌면서 할 수도 있습니다. 마음이 불안하거나 두려움이 밀려올 때도 차분하게 발걸음에 주의를 두며 걷기명상을 해도 좋습니다.

> 『난다경』(A8:9)
>
> 비구들이여, 그러면 어떻게 비구는 깨어있음에 전념하는가?
> 비구는 낮 동안은 경행(걷기명상)하거나 앉아서 장애가 되는 법들로부터 마음을 청정하게 한다. 밤의 초경에는 경행하거나 앉아서 장애가 되는 법들로부터 마음을 청정하게 한다. 한밤중에는 발에 발을 포개어 마음챙기고 알아차리면서 일어날 시간을 인식하여 마음에 잡도리하며 오른쪽 옆구리로 사자처럼 눕는다. 밤의 삼경에는 일어나서 경행하거나 앉아서 장애가 되는 법들로부터 마음을 청정하게 한다. 이와 같이 비구는 깨어있음에 전념한다.

2. 걷기명상의 방법

걷기명상에서 관찰해야 할 주요 대상은 세 가지입니다. 첫째 걷고 있는 발의 움직임, 둘째 움직이는 발에 느껴지는 감각들, 셋째 걷거나 서거나 앉고자 하는 마음의 의도입니다. 이 세 가지 대상 외에도 때에 따라 몸 전체의 움직임이나 통증 같은 감각들, 보이는 대상, 주변의 소리 등도 대상이 됩니다.

걷기명상을 하는 방법은 여러 가지입니다. 걸을 때 걸음걸음에 단어를 결합해서 하는 방법도 있습니다. 또 1단계부터 4단계까지 단계별로 한 걸음을 나눠서 자세히 관찰하기도 합니다. 제일 먼저 반듯하게 한 자리에 서서 '서 있음'의 자세를 자각합니다. 발이 바닥과 접촉하고 있는 접촉 감각도 알아차립니다. 그리고 걷겠다는 의도를 일으킨 다음, 아래와 같이 걷기명상을 시작합니다.

1단계-한 걸음을 '오른발, 왼발'로 알아차립니다.
2단계-한 걸음을 '발을 듦, 놓음'으로 알아차립니다.
3단계-'발을 듦, 나아감, 놓음'으로 알아차립니다.
4단계-'발을 듦, 나아감, 놓음, 누름'으로 알아차립니다.

이렇게 한 걸음을 네 단계로 세분화해서 발의 움직임과 느낌 감각을 명료하게 알아차리려고 노력합니다. 이런 방식으로 발걸음을 관찰할 때, 수행자는 몸을 구성하고 있는 '지(地)·수(水)·화(火)·풍(風)'이라는 네 가지 주요 물질 요소들을 자각하고 관찰하게 됩니다. 즉 무거움, 가벼움, 딱딱함, 응집성, 따듯함, 차가움, 몸 안의 움직이는 기운들을 알아차리게 되는데, 이것은 모두 몸을 이루는 4대의 변화 생멸 현상입니다.

3. 걷기명상의 효과

공원이나 숲속에서 걷기명상을 하면 몸과 마음이 금방 편안해집니다. 깊은 이완과 휴식이 찾아오면서 몸과 마음이 고요해지고 충전됩니다. 특히 발 근육을 많이 움직이게 되면, 몸의 순환 기능이 활성화되고 세로토닌 분비도 왕성해지면서 심신이 안정되고 건강해집니다. 매일 매일 마음챙김하며 걷는 단순한 몸의 행위가 몸과 마음의 건강에 많은 도움을 줍니다. 니체도 종종 하루에 8시간씩 걸었다고 합니다. 그렇게 숲속을 걷다 보면 어떤 특별한 순간들이 찾아온다고 하면서 많은 사유를 했습니다.

걷기명상을 하면 몸과 마음이 끊임없이 변화한다는 것을 알게 됩니다. 그로 인해 이 세상 모든 것은 고정되어 있지 않다는 무상의 지혜가 생겨납니다. 일상생활 속에서 분노가 일어날 때 잠시 걷기명상을 하게 되면 분노가 가라앉을 뿐만 아니라 왜 분노가 일어났는지 알아차릴 수 있습니다. 일상에서 따로 시간을 낼 필요 없이 걷기명상을 한다면 몸과 마음이 안정되어 스트레스 지수를 완화하는 데 도움이 될 수 있습니다.

실습 가이드

❶ 현재 서 있는 자리에서 머리부터 발끝까지 몸 전체를 자각합니다.
❷ 심호흡하면서 긴장을 풀고, 이완된 상태에서 편안하고 바른 자세로 서 봅니다.
❸ 손은 앞으로 혹은 뒤로 모아주고, 눈의 시선은 2~3m 앞에 내려뜨립니다. 걸으려는 '의도'를 알아차린 다음, 보폭을 좁게 하여 자연스럽게 걷습니다.
❹ 걷는 동안 생각이나 감정이 일어나면 그것을 분명하게 알아차리고, 다시 주의를 기울이며 걷기명상을 합니다. 걷다가 멈출 때는 '멈춤, 서 있음'도 알아차립니다.
❺ '오른발, 왼발', '오른발, 왼발'을 관찰하는 1단계로 걸어봅니다.
❻ '듦-놓음'을 관찰하는 2단계로 걸어봅니다.
❼ '듦-나아감-놓음'을 관찰하는 3단계로 걸어봅니다.
❽ '듦-나감-놓음-누름'을 관찰하는 4단계로 천천히 걸어봅니다.
❾ 시간이 되었다면 제자리에 서서 몸 전체를 편안하게 자각합니다.
❿ 걷기명상을 한 자기자신에게 고마움을 표현하면서 마칩니다.

걷기명상 Walking Meditation

● 걷기명상의 집중도는 어느 정도였나요?   (   ) %

● 걷기명상 중 몸에서 어떤 감각이 느껴졌나요?

　❶ 발을 들어 올렸을 때:

　❷ 발을 앞으로 내밀었을 때:

　❸ 발을 내려놓았을 때:

　❹ 발로 바닥을 눌렀을 때:

● 걷기명상 중 마음에서는 어떤 생각이나 감정이 일어났나요?

● 걷기명상을 하면서 새롭게 알아차린 것을 기록해 봅니다.

가을 풍경 카메라에 담기

활동 목표

무심코 지나칠 수 있는 강의실 바깥 풍경에 대해서 관심을 갖는다.
내 눈에 비추어진 세상에 대해서 이해한다.

도입

활동 목표를 이해한다.
'가을 풍경 카메라에 담기' 활동에 대한 설명을 듣는다.

전개

천천히 걸으면서 가을 풍경을 먼저 눈에 담는다.
들리는 소리와 향기, 손에 닿는 감촉을 충분히 음미한다.
내 눈에 비추어진 가을 풍경을 휴대폰 카메라에 담는다.
카메라에 담은 내용을 서로 나눈다.

정리

'가을 풍경 카메라에 담기' 활동에 대한 소감을 정리해 본다.

가을 풍경 카메라에 담기 Taking photo of fall views

다섯 가지 감각 기관에 집중하여 외부 대상을 지켜봅니다. 충분히 음미한 후 마음 챙김하며 가을 풍경을 카메라에 담아 봅니다.

- 눈으로 본 것:

- 귀로 들은 것:

- 코로 냄새 맡은 것:

- 입으로 맛본 것:

- 손으로 만진 것:

다섯 가지 감각에 온전히 주의를 기울인다는 것은 어떤 느낌이었나요?

평소 몰랐던 것을 알게 된 것이 있다면 무엇인지 적어 봅니다.

WEEK **10**

소리명상

1. 소리명상이란?

소리명상은 음악소리, 악기소리, 자연의 소리, 사람의 목소리, 염불, 진언 등의 소리를 명상의 도구로 활용하는 것입니다. 마음이 불안하거나 스트레스 등으로 인하여 긴장되어 있을 때 호흡에 주의를 두고 집중하는 것이 쉽지 않습니다. 그럴 때 소리에 집중하여 다른 감정이나 생각들로부터 방해받지 않고 집중하게 도와줍니다. 그리고 소리를 듣는 동안 모든 소리뿐만이 아니라 감정이나 생각들도 나타났다가 사라진다는 사실도 알게 될 것입니다.

2. 소리명상의 방법

소리명상은 소리가 귀에 와서 접촉할 때 그 소리를 단순하고 순수하게 지각하는 능력을 기르는 것입니다. 처음에는 한 번에 몇 초 동안만 소리에 집중할 수 있을 것이고 머지않아 마음이 떠돌기 시작함을 깨닫게 될 것입니다. 그러나 마음이 소리를 떠나 떠도는 것을 발견하면 긴장을 풀고 다시 그 소리로 돌아옵니다.

들리는 많은 소리에 의미를 부여하는 습관에서 벗어나는 방법을 배우는 것은 소리명상의 커다란 장점 중 하나입니다. 소리의 내용에 굳이 감정적으로 반응하지 않고 마음을 알아차리면서 오직 소리로 듣는 법을 배우게 됩니다. 소리를 단순히 소리로 순수하게 집중해서 듣는 일에 익숙해지면 화를 내거나 방어적인 자세를 취하지 않으면서 상대방의 소리를 들을 수 있습니다. 편안하고 균형잡힌 태도를 보이고 감정적인 반응을 하지 않고 다른 사람들이 말하는 것을 단지 듣기만 합니다.

틱낫한 『모든 발걸음마다 평화』

"잠시 멈추고, 주의 깊게 호흡하고, 지금 이 순간을 즐기라고 상기시키는 소리는 그 어떤 것으로도 가능합니다. 차에 타서 안전벨트를 잊었을 때 울리는 버저 소리도 마음챙김을 일깨우는 종소리로 쓸 수 있습니다. 소리가 아닌 것들조차, 가령 창을 통해 들어오는 햇살 같은 것도 마음챙김의 종소리입니다. 진정한 자신으로 돌아와 숨쉬고, 미소짓고 이 순간에 완전히 몰입해 살라는 부름인 것이지요."

3. 소리명상의 응용

　소리명상 가운데 자신이 내는 염불소리에 집중하며 불보살님의 명호를 부르고 관하여 염불삼매에 드는 명상법을 염불명상이라고 합니다. 염불(念佛)은 '부처님을 생각한다'는 뜻으로 부처님을 생각하는 공덕은 한량이 없다고 합니다. 그 이유는 단순히 입으로만 소리를 내는 것이 아니라 마음으로 부처님의 수행과 깨달음, 그리고 가르침을 깊이 사유하기 때문입니다. 그럼으로써 우리 각자의 내면에 잠자고 있는 불성, 깨달음 등 우리의 무한한 내적 지혜와 자비심을 일깨우고 일상의 삶 속에서 작용할 수 있도록 도와줍니다.

　또한, 소리의 치유적 힘을 활용한 예로는 명상을 돕는 도구로 쓰이는 싱잉볼(Singing Bowl)을 들 수 있습니다. 싱잉볼소리명상은 티베트 명상 주발의 현대적 응용입니다. 7개의 주발은 각각의 음을 내며 막대로 문지르거나 두들기면 소리가 발생하고, 고유한 진동수에 의해 공명과 파동이 발생하며 빠르게 깊은 명상 상태로 들어가도록 돕습니다. 싱잉볼 소리는 싱잉볼이 지닌 음계에 따른 진동을 이용하여 몸과 마음의 에너지를 활성화할 뿐 아니라, 소리 진동 주파수가 인체의 세포에까지 신속하게 전달되어 치유가 필요한 신체 부위에 진동을 직접적으로 전달함으로써 몸의 균형을 회복하도록 돕는 도구로 활용되고 있습니다.

4. 소리명상의 효과

　소리명상은 다양한 소리의 진동과 주파수를 매개로 하여 스트레스의 감소, 집중력 향상, 혈압 저하, 신체 생명에너지의 촉진, 면역력 향상, 부정적인 생각과 감정 제거, 창조력 향상, 불면증 개선의 효과를 얻을 수 있습니다.

　염불이나 진언(다라니)을 통한 소리명상은 수행자들이 염불이나 진언이 지닌 가피력에 의지하여 자신 안에 갖추어진 지혜롭고 밝은 성품을 발견하도록 돕습니다. 특히, 염불을 하면 탐욕, 성냄, 어리석음에 얽매이지 않고 즐겁고 행복한 선정의 상태로 나아갈 수 있다고 하였습니다. 또한 들뜬 마음을 차분히 가라앉혀 편안하고 고요해짐을 느낄 수 있으며, 집중하지 못해 생기는 과잉행동, 주의력결핍과 같은 장애를 극복할 수 있게 도움을 줍니다.

실습 가이드

/ 옴 만트라 활용 /

고대 인도의 수행자들이 몸과 마음을 치유하고 정화하는 방법으로 사용한 '옴'자로 소리 명상을 실습해 보겠습니다.

❶ 편안한 자세로 앉아 눈을 가볍게 감거나 반쯤 뜹니다.
❷ 호흡을 깊게 세 번 한 후 몸과 마음을 편안하게 이완합니다.
❸ 잠시 자연스러운 호흡에 주의를 둔 후 자신의 호흡이 허락하는 만큼 길게 낮은음으로 '옴'하고 소리를 냅니다.
❹ 소리의 울림에 집중하며 그 소리를 끝까지 따라가면서 듣습니다.
❺ 여러 번 반복하며 소리에 집중합니다. 자신의 목소리가 하나의 중심축이 되어 떠도는 마음을 잡아주는 것을 알아차려 봅니다.
❻ 반복하여 실습한 후 '옴'자에서 주의를 옮겨 주변에서 일어나는 소리를 알아차립니다.
❼ '듣기 좋은 소리' 또는 '듣기 싫은 소리' 등의 판단, 분석을 멈추고 단지 들려오는 소리를 있는 그대로 듣습니다.
❽ 자신의 주의를 끄는 소리에 집중하여 그 소리가 시작하여 사라질 때까지 지켜봅니다.
❾ 귀에 들려오는 소리에 주의를 기울이다보면 이런저런 생각들이 일어나기도 합니다.
❿ 들려오는 소리도 나타났다가 사라지듯이 생각도 일어났다가 사라진다는 것을 알아차려 봅니다.
⓫ 충분히 소리의 나타남과 사라짐에 머물렀다고 느껴질 때 부드럽게 자신의 호흡으로 돌아옵니다.
⓬ 준비되었다면 천천히 눈을 뜹니다.

/ 다양한 명상음악 /

 〈옴 만트라〉
 〈송광사 법고〉
 〈싱잉볼 명상음악〉

소리명상 Sound Meditation

● 소리명상의 집중도는 어느 정도였나요?   (   ) %

● 소리를 냈을 때 몸의 어느 부분에서 가장 많은 울림이 느껴졌나요?

● 소리를 들었을 때 어떤 생각이나 감정이 일어났나요?

● 소리명상을 하면서 새롭게 알아차린 것을 기록해 봅니다.

말은 마음의 소리

활동 목표

자신의 말하는 습관에 대해 알아본다.
바른말에 대해 올바르게 인지한다.

도입

활동 목표를 이해한다.
자신이 주로 사용하는 부정적인 말과 긍정적인 말을 찾아본다.

전개

지금까지 받았던 상처 되는 말을 세 가지 적어 본다.
자신이 감동 받았던 말을 세 가지 적어 본다.
자신의 언어 습관에 대해 돌아본다.
말이 쌓이고 쌓여 자신의 품격이 된다는 것을 인지한다.

정리

'말은 마음의 소리' 활동을 통해 느낀 점을 정리해 본다.

말은 마음의 소리 Your words are sound of your mind

말이 쌓이고 쌓여 자신의 품격이 됩니다. 어린 시절부터 지금까지의 삶을 돌아보고 상처 받았던 말과 감동 받았던 말 세 가지를 각각 적어 봅니다.

- 상처 받은 말

  ❶

  ❷

  ❸

- 감동 받은 말

  ❶

  ❷

  ❸

- 자신이 주로 사용하는 부정적인 말은 무엇인가요?

- 자신이 주로 사용하는 긍정적인 말은 무엇인가요?

'말의 힘'에 대해 자신의 생각을 적어 봅니다.

WEEK **11**

간화선 2

1. 간화선이란?

간화선은 화두(話頭)를 들고 수행하는 참선법으로, 화두를 타파(打破)하여 자신의 본질을 바로 보아 깨닫는 견성성불(見性成佛)에 목적이 있습니다. 즉 부처님의 말씀이나 역대 조사들께서 이르신 말, 행위 등을 자신의 화두로 삼아 그것을 꿰뚫어 앎으로서 부처의 경지에 들어가는 것을 목표로 합니다. 또한, 간화선은 언어나 개념으로 조작된 세계가 아닌 진정한 깨달음의 세계를 '화두'라는 수단을 통해서 곧바로 깨치게 하는 수행법입니다. 그럼으로써 진정한 '나'에 대한 탐구, 자아성찰이 가능하도록 돕습니다.

2. 화두의 종류

화두의 종류는 약 1,700여 가지가 넘습니다. 이 가운데 우리나라 수행자들이 가장 널리 참구하는 화두는 '개에게는 불성이 없다(狗子無佛性)', '이 뭣고?(是甚麼)', '뜰 앞의 잣나무(庭前栢樹子)' 등이 있는데 그중에서도 '무자(無字)' 화두가 가장 많이 참구되고 있습니다.

'무자화두'는 당나라 때 한 스님이 조주선사에게 찾아가 "개에게도 불성이 있습니까?" 하고 묻자, "없다(無)."고 대답한 문답에서 비롯되었습니다. 부처님께서는 분명히 모든 중생에게 불성이 있다고 하셨는데, 조주선사는 없다고 하니 '왜 조주선사는 개에게 불성이 없다고 한 것일까?'라고 하는 의심이 생기게 됩니다. 이렇게 의심해 들어가는 것이 무자화두의 참구법입니다. 여기서 "없다(無)."가 바로 화두입니다. '이 뭣고?' 화두는 무자화두 다음으로 널리 채택되고 있는 것으로, 내 몸과 마음을 움직이게 하는 내 안의 참된 주인공은 무엇인가를 의심하는 것입니다. 여기서 중요한 것은 어떤 화두라도 그 화두에 철저한 '의심'을 일으키는 것이 간화선 수행의 핵심입니다.

3. 화두 참구법

화두는 일반적인 상식을 완전히 뛰어넘는 질문으로, 궁극의 목적은 우리의 고질적인 이분법적 사고방식과 분별의 틀을 깨는 데 있습니다. 그러므로 화두 수행에서 가장 중요한 것은 화두를 생각으로 분별하지 말고, 오직 간절하고 진실된 일념 하나로 화두를 '의심'해 나가는 것입니다. 즉 간절한 일념으로 크게 의심해 나가는 것이 화두 수행의 가장 중요한 요체라 할 수 있습니다.

간화선 수행을 위해서는 먼저 스승의 지도로 화두를 받거나, 스스로 화두를 선택한 후 간절하게 화두에 대한 의심이 지속되다가 화두와 내가 하나가 되어 마치 한 몸을 이룬 듯한 상태가 되면 일체의 망상, 번뇌가 없는 상태가 됩니다. 이런 상태에 이르면 고요한 상태에서나 움직일 때나 일상생활에서도 화두 의심이 떠나질 않게 됩니다. 나아가 자나 깨나 화두가 순일하게 이어지면 수행이 매우 깊어진 상태에 이르게 됩니다. 이때에도 멈추지 않고 더욱 의심을 간절하게 밀고 나가면 의심을 해결하고 깨달음을 이루게 됩니다. 그러나 가장 중요한 것은 언제나 선지식(스승)의 지도와 점검이 있어야 바른 길로 나아갈 수 있다는 점입니다.

고봉화상 『선요』

　의심하지 않아도 저절로 의심이 되고 화두를 들지 않아도 저절로 들어져, 아침부터 저녁까지 의심이 이어져 한 덩어리가 되니 털끝만치도 그 의심이 없게 되는 것이다. 흔들어도 흔들리지 않고 쫓아내도 쫓겨나지 않으며 한없이 밝고 신령하여 늘 앞에 있되, 마치 물을 따라 흘러가는 배와 같아 전혀 손 쓸 데가 없는 바로 이때가 수행의 힘을 얻는 시절이다.

4. 간화선의 효과

　간화선은 화두에 대한 지극한 참구를 통해 마음과 존재의 본질을 꿰뚫어 보는 통찰력과 직관력을 갖춘 안목이 열리게 됩니다. 화두에 대한 큰 의심은 소통을 방해하던 관념과 사고의 장벽을 깨고 합리적이며 지혜로운 사고의 세계를 경험하게 합니다. 이때 자신과 세계를 너와 나로 분리해 오던 이원성을 벗어나 세상과 더욱 친밀한 관계를 형성합니다.

　또한 자신에게 닥친 어려움이나 해결해야 할 문제 등에서도 좀 더 근원적인 해결 방법을 발견하고 실천할 수 있도록 돕습니다.

<화두참구 실습 가이드>

❶ 화두의 선택
아래에 제시된 화두 가운데 하나를 선택하여 참구합니다.

● 무(無)
어떤 스님이 조주선사에게 찾아가 "개에게도 불성이 있습니까?" 하고 묻자, "없다(無)."고 대답했습니다.
➡ 부처님 경전에는 분명히 모든 중생에게 불성이 있다고 했는데 조주선사는 없다고 하니 왜 없다고 했는지 알고 싶은 마음, 즉 의심이 생깁니다. 마음속으로 왜 없다고 했을까? 또는 왜 무라고 했을까? 또는 왜, 왜…, 또는 어째서, 어째서… 라는 의심을 일념으로 참구합니다.

● 부모미생전 본래면목(父母未生前 本來面目)
➡ 스스로에게 묻습니다. 부모로부터 내가 태어나기 전 나의 본래 모습은 무엇인가? 나의 본래 모습은 무엇이지? 무엇이지? 무엇이지? …되물으며 일념으로 의심을 지속합니다.

❶ 편안한 자세로 앉습니다.
❷ 호흡을 깊게 세 번 한 후 몸과 마음을 편안하게 이완합니다.
❸ 눈은 힘을 빼고 자연스럽게 반쯤 뜨고 1.5m 앞쪽 바닥에 시선이 머물게 합니다. 그곳을 집중하여 바라보는 것이 아니고 시선만 그곳에 두고 화두에 집중합니다. 눈을 뜨는 것이 방해된다면 감아도 됩니다.
❹ 선택한 화두를 들고 참구해 갑니다.
❺ 그동안 배운 지식으로 꿰어맞추려 하거나 분별, 판단하는 마음을 내려놓고 오직 화두에 대한 의심을 일으킵니다.
❻ 잡념이나 졸음이 오면 알아차리고, 다시 화두 의심에 집중합니다.
❼ 화두에 집중이 잘되지 않는다면 화두 의심을 이끌어주는 전체 구절을 속으로 몇 번 되뇌어본 후 다시 화두에 집중해 봅니다.
❽ 정해진 시간이 되었으면 방금 경험한 것을 비추어 봅니다.

간화선 Ganhwaseon

● 화두의 집중도는 어느 정도였나요?   (   ) %

● 화두에 집중이 잘 되었을 때 몸과 마음은 어떤 상태였나요?

● 화두에 집중되지 않았을 때 그 이유가 무엇이었나요?

● 간화선 수행 후 새롭게 알아차린 것을 기록해 봅니다.

지금의 나, 미래의 나

활동 목표

'나는 누구인가?'에 대한 답을 구하고 자신을 이해한다.
'나는 누구인가?'에 대한 답이 바로 자신임을 발견한다.

도입

활동 목표를 이해한다.
자신에게 '나는 누구인가?'라고 질문한다.

전개

다양한 형태로 나는 누구인가를 찾아본다.
자신에 대하여 탐색하고 기록하는 과정에서 자신이 누구인지 깊이 생각해 본다.
여덟 가지 질문에 대한 답을 적는다.
기록한 답이 지금의 '나 자신'임을 인지한다.

정리

'지금의 나, 미래의 나' 활동을 통해 느낀 점을 정리해 본다.

지금의 나, 미래의 나 Present me, future me

남이 말하는 나, 내가 가진 고민, 콤플렉스, 특기, 행복하거나 불행했던 경험,
나의 가족과 멘토 등 나와 관계 맺고 있거나 표현할 수 있는 것들을 적어 봅니다.

- 닮고 싶은 이

- 남이 말하는 나

- 고민

- 가족

- 콤플렉스

- 특기

- 불행했던 경험

- 행복했던 경험

여덟 가지 질문에 대한 답이 지금의 '나'입니다. 지금의 나의 모습을 있는 그대로
인정하고 앞으로 어떤 발전적인 변화를 바라는지 적어 봅니다.

WEEK **12**

절명상

1. 절명상이란?

절명상은 절과 명상이 합쳐진 형태입니다. 절은 일반적으로 머리를 숙여 자신을 낮추고 상대방에게 존중과 공경 그리고 감사의 예를 표시하는 행위와 자신을 성찰하는 명상이 결합된 수행법입니다. 그리고 절명상은 굳은 신심을 불(佛)·법(法)·승(僧) 삼보(三寶)와 자기 자신에게 드러내는 예법을 말하기도 합니다. 따라서 절을 할 때는 자신을 땅바닥까지 낮추고 상대방에게 공경하는 마음을 가지는 것이 중요한 예법입니다.

절명상은 자기를 비워 무아(無我)로 돌아가는 훌륭한 수행법입니다. 이것은 단순히 절하는 행위에만 목적을 두지 않고 이를 통해 자신을 성찰하기 때문에 가능한 것입니다. 절명상을 통해 자기를 비워 무아로 돌아가는 체험을 가져보겠습니다.

『시가라월육방예경』(『장아함경』)

"시가라월이라는 한 장자가 여섯 방향에 예경하자 부처님께서 그 이유를 물었다. 그러자 시가라월은 단지 아버님의 유훈일 뿐 그 이유는 모른다고 하였다. 그러자 부처님께서 각 방향에 예경하는 의미를 설해주셨다. 동방에 예경하는 것은 부모를 위한 절이며, 남방에 예경하는 것은 스승을 위한 절이며, 서방에 예경하는 것은 아내를 위한 절이며, 북방에 예경하는 것은 친척과 친구를 위한 절이며, 땅을 향해 절하는 것은 아랫사람을 위한 절이며, 하늘을 향해 절하는 것은 사문이나 수행자를 위한 절이라고 말씀하셨다."

절은 단순히 존귀한 분에 대한 예경을 넘어 수행의 측면까지 포함됩니다. 부처님께서는 연기법을 통하여 모든 사물이 연결되어 존재한다는 것을 밝혀주셨습니다. 따라서 자기 자신을 위해 도움을 주는 모든 것에 대한 감사 표현으로 절을 합니다.

2. 절의 종류

절은 일반적으로 일배(一拜)와 삼배(三拜)가 있습니다. 일배는 한 번 큰절을 올리고 끝날 때 반배를 하는 것을 말하고, 삼배는 세 번 큰절을 올린 뒤 다시 끝날 때 반배를 하는 것을 말합니다. 삼배를 올리는 데에는 '불·법·승' 삼보에 귀의하고 예배한다는 의미를 내포하고 있습니다. 이 밖에도 집중 수행 정진을 위한 108배, 천배, 삼천배, 만배 등도 있습니다.

몸을 움직이는 행위로 절을 할 경우 지금 내가 어떤 동작을 하고 있는지 몸과 마음을 관찰하고 알아차리는 것이 중요합니다. 또는 절을 하면서 자신에 대한 사랑과 연민심을 일으키기 위한 명상가이드를 이용할 경우에는 절을 하는 가운데 몸에서 나타나는 감각을 관찰하고, 마음에서 일어나는 감정을 느끼고 알아차리는 것이 중요합니다.

3. 절명상의 효과

절명상은 운동이 부족하고 스트레스가 많은 현대인에게 신체적·정신적 안정을 제공해 주는 동시에 수행 방편으로도 효과적입니다.

신체적 측면에서 절명상은 의학적으로 전신 경락에 흐르는 기(氣)의 균형을 잡아주고 하체를 단련시켜 주는 효과가 있습니다. 다리를 굽히고 펼 때 사용하는 반복적인 굴신(屈伸)운동은 자율신경계를 안정시키고 인내력과 면역력을 강화하는 데 효과적입니다.

정신적 측면에서는 절명상을 자신의 속도에 맞게 하다 보면, 그 안에서 심리적으로 복잡했던 감정들이 자연스럽게 밝고 긍정적으로 바뀌는 경험을 하게 됩니다. 그 결과 스트레스가 줄어들고 긍정적 생각과 포용력의 향상, 평온해진 마음으로 인해 집중력이 향상되는 등 심신건강이 증진되는 효과가 있습니다.

수행적 측면에서는 똑같은 동작을 반복하다 보면 시간이 지날수록 점점 힘들어져서 중도에 포기하고 싶은 생각이 들게 됩니다. 이때 포기하고 싶은 마음을 극복하며 절명상을 계속하는 과정에서 자신의 육체적·정신적 한계를 스스로 극복하는 인내심이 증장됩니다. 또한 절명상은 자세를 낮추는 동작을 통해 하심(下心)의 마음을 갖게 되는데, 이는 '탐욕, 분노, 어리석음'이라는 삼독심(三毒心)을 없애는 기반을 마련할 수도 있습니다.

실습 가이드

절하는 동작 연습하기

- 준비물 : 긴 방석, 편안한 옷, 절하는 횟수를 헤아릴 수 있는 염주 등

1) 준비 단계 : 절 명상을 하기 위한 알맞은 장소를 찾아 푹신한 방석과 움직이기 편한 옷을 준비합니다. 특히 무릎과 팔꿈치를 구부려도 편안한 정도의 약간 헐렁한 옷이 좋습니다. 잘못된 자세로 절을 하게 되면 발등이 까이거나 무릎에 무리가 올 수 있으므로 되도록 긴 방석을 준비합니다.

2) 절하는 동작의 순서와 명상법

❶ 편안한 마음으로 자리에 서서 두 손을 합장해 봅니다.
❷ 합장한 손의 올바른 위치는 손목이 명치 부근에 자리하고, 가슴과는 살짝 떨어지게 합니다.
❸ 합장할 때 되도록 손가락이 벌려지지 않도록 주의하면서 허리를 부드럽게 펴고, 시선은 대략 45도 정도 앞을 바라본다는 느낌으로 주의를 내면으로 향하게 합니다. 손은 '합장'을 하고 마음속으로는 '합장'이라고 생각하면서 합장을 하는 나의 모습을 알아차려 봅니다. 이때 할 수 있다면 두 발은 가지런히 하고 양 무릎은 떨어지지 않게 합니다.
❹ 이제 부드럽게 숨을 들이쉬고, 내쉬면서 천천히 절을 시작해 봅니다. 절을 할 때는 합장 반배한 자세에서 자연스럽게 고개를 숙이면서 시작합니다. 손은 바닥을 짚고 15도 정도 안쪽으로 모읍니다.
❺ 엎드렸을 때 마음속으로 '엎드림'이라고 하면서 나의 모습을 알아차려 봅니다. 이때 발은 왼발 엄지발가락을 오른발 엄지발가락에 포갭니다. 그리고 할 수 있다면 엉덩이를 발뒤꿈치 쪽에 바짝 붙여 봅니다. 이 자세가 이마, 양 무릎, 양손이 바닥에 닿는 오체투지 자세가 됩니다.
❻ 그 자세에서 고두레를 합니다. 고두레는 절을 다 마치고 일어서기 전 한량없는 자비심을 생각하면서 지극한 마음으로 한 번 더 머리를 조아리는 예절로, 양손 바닥이 천장

을 보게 한 후 귀밑까지 올렸다 내리는 동작입니다.
❼ 그런 다음 자연스럽게 손바닥으로 바닥을 짚으면서 서서히 일어섭니다. 일어서면서 '일어섬' 하면서 일어서는 나의 모습을 있는 그대로 알아차려 봅니다.
❽ 절을 마친 후, 그 자리에 가만히 앉아 몸을 이완시키면서 마음을 관찰해 봅니다.

<청년 마음거울 50배>

예〉 나 ○○○은〈한 문장을 읽은 후〉~~~ 죽비 1번 치고, 절

1	나는 이 세상에 하나뿐인 특별하고 소중한 사람임을 잊지 않겠습니다.
2	지금 이대로의 내 모습도 아름답고 자랑스럽다는 것을 깨닫겠습니다.
3	내 인생의 가장 큰 목표는 나의 행복에 있음을 기억하겠습니다.
4	나는 내 삶을 아름답게 만들어갈 내 인생의 주인공임을 잊지 않겠습니다.
5	어떤 고통이나 슬픔도 내 마음에 따라 달라질 수 있음을 깨닫겠습니다.
6	마음속의 미움과 원망, 분노와 집착을 끊어내고 참된 자유를 얻겠습니다.
7	내가 바라는 인생의 모습과 방향을 정해두고 그곳을 향해 걷겠습니다.
8	현재는 인생의 과정일 뿐이므로 여기에 안주하거나 실망하지 않겠습니다.
9	앞날에 대한 막연한 두려움이나 헛된 기대를 버리고 차근차근 이뤄가겠습니다.
10	부정적인 생각을 하기보다 언제나 긍정의 눈으로 세상을 보겠습니다.
11	어려움을 만났을 때 피하거나 숨지 않고 지혜롭게 헤쳐 나가겠습니다.
12	작은 이익에 연연하지 않고 멀리까지 내다보는 안목을 키우겠습니다.
13	빠른 길을 서둘러 가기보다 올바른 길을 성실히 걸어가겠습니다.
14	나의 미래는 오늘의 노력으로 얼마든지 달라질 수 있음을 믿겠습니다.
15	어제보다 오늘 더 발전하는 내가 되겠습니다.
16	소중한 나의 젊은 날을 불평과 한숨으로 보내지 않겠습니다.
17	내 분야에서 준비된 사람이 되어 언젠가 찾아올 기회에 대비하겠습니다.
18	어떤 일을 하기 전에 깊이 생각하고 내 의지로 신중히 결정하겠습니다.
19	나의 결점과 부족함을 극복하고 다른 장점으로 채워가겠습니다.
20	실수나 잘못을 인정하고 성찰하여 되풀이하지 않겠습니다.
21	지난 일을 후회하기보다 앞으로의 일을 준비하겠습니다.

22	자투리 시간도 흘려보내지 않고 활용하는 지혜를 배우겠습니다.
23	내가 하지 않아야 할 일은 현명하게 거절하는 법을 배우겠습니다.
24	나쁜 습관은 멀리하고 좋은 습관은 하나씩 나의 것으로 만들겠습니다.
25	가슴 뛰는 일을 만나면 현실에만 안주하지 않고 즐겁게 시도하겠습니다.
26	내 일을 남에게 미루거나 기대지 않고 스스로 하겠습니다.
27	나는 언제나 합리적으로 결정하고 스스로에게 떳떳한 선택을 하겠습니다.
28	남과 경쟁하여 앞서려하기보다 나만의 특별함을 찾아 키워가겠습니다.
29	내 삶의 자산이 되는 다양한 경험을 쌓겠습니다.
30	큰 성공도 작은 노력들이 모여야 함을 알고 하나씩 이뤄가겠습니다.
31	어떤 일이든 내 꿈처럼 생각하고 열정을 다하겠습니다.
32	모든 일은 계획을 세워 실행하고 정성을 다해 마무리하겠습니다.
33	날마다 새로운 다짐과 희망으로 하루 일과를 시작하겠습니다.
34	생활 속의 작은 행복에도 항상 감사하는 마음을 갖겠습니다.
35	더 많이 배우고 바르게 사는 길을 찾겠습니다.
36	좋은 책과 좋은 벗을 가까이 하여 발전하는 기회로 삼겠습니다.
37	일이나 학업에 몰두할 때와 쉴 때를 균형있게 조율하겠습니다.
38	일상의 스트레스는 오래 담아두지 않고 바로 풀겠습니다.
39	디지털 기기나 취미 생활은 일상에 피해가 될 정도로 빠져들지 않겠습니다.
40	온라인 공간에서 타인의 권리와 명예를 침범하지 않겠습니다.
41	편견과 고정관념을 버리고 자유롭게 사고하겠습니다.
42	이기심과 교만함을 버리고 나를 낮추며 어디서나 겸손하겠습니다.
43	나에 대한 비판도 겸허히 수용하며 배움의 기회로 삼겠습니다.
44	내가 한 말은 반드시 책임지는 언행일치의 삶을 살겠습니다.
45	경제 여건에 맞춰 실속 있고 합리적인 소비를 하겠습니다.
46	내면과 외면을 모두 아름답고 매력 있게 가꾸겠습니다.
47	사랑하는 이의 환경과 감정이 나와 다를 수 있음을 인정하겠습니다.
48	사랑한다는 이유로 구속하거나 소유하려 들지 않겠습니다.
49	내가 베푼 사랑에 대해 보상이나 대가를 바라지 않겠습니다.
50	언제 어디서나 나를 사랑하겠습니다.

절명상 Prostration Meditation

● 절명상의 집중도는 어느 정도였나요?   (   ) %

● 절명상을 하는 동안에 몸과 마음의 상태는 어떠했나요?

● 절명상을 하기 전과 후, 어떤 변화가 일어났나요?

● 절명상을 하면서 새롭게 알아차린 것을 기록해 봅니다.

변하지 않는 것이 있을까?

활동 목표

현재의 삶을 성찰한다.
모든 것이 변한다는 사실을 이해한다.

도입

활동 목표를 이해한다.
자신의 삶에서 '변하지 않는 것이 있을까?' 곰곰이 생각해 본다.

전개

내 삶에 변하지 않는 것들이 있는지 찾아본다.
내 삶에서 변한 것들 열 가지를 적어 본다.
내 삶에서 변하지 않는 것이 없다는 사실을 확인해 본다.
모든 것이 변한다는 사실을 삶에 적용해 본다.
이 사실이 내 삶에 미칠 영향에 대해 생각해 본다.

정리

'변하지 않는 것이 있을까?' 활동을 통해 느낀 점을 나눈다.

변하지 않는 것이 있을까? Is there anything that never change?

내 삶에 변하지 않는 것들이 있나요? 현재의 삶을 성찰해 보고, 내 삶에서 변한 것들 열 가지를 적어 봅니다.

❶
❷
❸
❹
❺
❻
❼
❽
❾
❿

무상한 것들은 우리 주변에 많이 있습니다. 모든 것이 변한다는 사실을 알아차리고 그것이 자신의 삶에 가져올 변화를 적어 봅니다.

WEEK **13**

사경명상

1. 사경명상이란?

사경명상은 부처님의 말씀인 경전을 한 자 한 자 깨어 있는 마음으로 가슴에 새겨 마음의 평온과 안정을 유지하기 위한 명상법입니다. 사경명상에서 사(寫)는 '베낀다' '그리다' '본뜬다' '옮겨놓는다' 등의 뜻이 있고, 경(經)은 '부처님의 말씀' 즉 '불교경전'을 의미합니다. 다시 말해, 사경명상은 불교경전의 내용을 한 자 한 자 옮겨 쓰는 동안 명상이 함께 진행되는 것으로 복잡한 마음을 다스려 마음의 평온과 안정감을 얻을 수 있습니다.

사경명상의 역사는 지금으로부터 약 2500년 전으로 올라갑니다. 부처님께서 열반에 드신 후 입에서 입으로 구전(口傳)되어 오던 가르침을 더욱 잘 보존하고 널리 전할 수 있도록 패다라(貝多羅, Pattra)나무의 잎이나 껍질에 기록한 것이 사경의 시작입니다. 이것을 모아 엮은 것을 『패엽경(貝葉經)』이라고 합니다. 이후 인쇄술이 발달하면서 널리 보급되어 현재처럼 많은 고서를 볼 수 있게 된 것입니다. 사경은 교화와 전법의 기능을 하면서 경전의 내용을 옮겨 적는 과정 그 자체를 수행으로 여겼습니다. 사경명상에서는 전통 사경수행처럼 경전이나 율장, 논장, 어록 등과 같은 구절들을 사경의 소재로 사용할 수 있고, 현대인들이 당면하고 있는 갖가지 고통과 힘겨움에 삶의 지혜와 위로를 제공해 줄 수 있는 짧은 문구들을 사용할 수도 있습니다.

『약사유리광칠불본원공덕경(藥師琉璃光七佛本願功德經)』

"새벽에 일어나 양치하고 깨끗이 씻은 다음, 온갖 향기 나는 꽃과 가루 향과 태우는 향과 바르는 향과 여러 가지 음악으로 부처님께 공양하고, 이 경전을 자신이 쓰거나 다른 사람에게 쓰게 하여 일심으로 그 뜻을 받아 지니고, 또 법사에게도 일체 소유한 살림으로 다 보시하여 모자람이 없도록 한다면, 여러 부처님께서 생각하고 보호하심을 입어 소원이 원만하고, 나아가 보리를 얻을 것이다."

2. 사경명상의 핵심

사경명상의 핵심은 시각·촉각·청각 등과 함께 마음챙김을 할 수 있다는 점입니다. 먼저 눈으로 경전의 내용을 읽습니다. 다음으로 손으로는 연필이나 붓 등을 잡고서 한 자 한 자

글귀를 쓰는 손의 감각을 알아차리는 것에 있습니다. 그리고 귀로는 글씨 쓰는 소리를 들으면서 사경을 하는 것입니다. 사경명상은 시각·촉각·청각의 행위를 통한 감각을 알아차리고 그 변화를 관찰하고 알아차리는 것에 있습니다. 다시 말해, 사경하는 경전의 내용에 대한 이해와 더불어 사경을 하는 모든 동작에 대한 집중과 알아차림을 통해 사경을 하는 자신과 마주할 수 있는 일상의 명상법이 될 수 있습니다.

사경명상을 할 때 주의할 점도 있습니다. 직접 글씨를 쓰면서 동시에 알아차림을 해야 하므로 내적·외적 대상에 대한 보다 강한 알아차림과 집중력이 요구됩니다. 자칫 잘못하면 마음이 흩어져버릴 수 있습니다. 따라서 외적 대상과 내적 대상에 대한 마음의 조화가 잘 이루어져 오롯하게 일심으로 사경이 진행될 수 있도록 해야 합니다.

3. 사경명상의 효과

마음이 산란할 때 편안함을 주는 경전의 내용이나 글자를 한 자 한 자 집중해서 써 내려가면서 손의 감각과 움직임을 알아차림 하다 보면, 마음이 점차 고요해지면서 심리적으로 안정됩니다. 사경을 하는 행위와 더불어 그 내용을 충분히 이해하여 자기 삶을 성장시킬 수 있습니다. 또한, 경전의 말씀이나 삶의 본보기가 되는 좋은 글을 옮겨 쓰면서 긍정적인 정서와 집중력, 삶의 통찰력이 향상됩니다.

실습 가이드

❶ 편안한 자세로 앉아 호흡을 깊게 세 번 한 후 몸과 마음을 편안하게 이완합니다.
❷ 지금 마음이 들떠있는지, 편안한지, 무기력한지를 살펴봅니다.
❸ 만일 여전히 마음이 사경을 하기에 충분히 준비되어 있지 않다고 느껴지면, 몇 번의 심호흡을 반복하면서 몸과 마음의 긴장을 풀어줍니다.
❹ 계속해서 편안하게 호흡하면서 들숨과 날숨을 알아차려 봅니다.
❺ 사경할 준비가 되었다면 앞에 놓인 사경노트를 바라봅니다.
❻ 천천히 사경을 위한 펜을 들어 올리면서 필기구가 손에 닿는 감촉, 온도, 들어 올리는 손의 감각 등 손과 팔의 감각과 움직임을 알아차립니다.
❼ 눈으로 사경할 내용을 보고, 손으로는 내용을 옮겨 적고, 귀로는 글 쓰는 소리를 들으면서 각 감각 기관의 느낌과 감각, 움직임 등을 알아차립니다.
❽ 만약 사경을 하면서 다른 생각이 일어나면, 그저 생각이 일어난 것을 알아차리고 다시 주의를 손과 펜의 움직임으로 가져옵니다.
❾ 사경을 마쳤다면, 호흡에 대해 알아차림과 함께 천천히 내용을 음미해 봅니다.
❿ 조용히 눈을 감고 사경 내용을 떠올리면서 마음에 새겨봅니다. 그리고 사경한 공덕으로 나와 다른 사람들이 편안해지기를 발원해 봅니다.
⓫ 감았던 눈을 부드럽게 뜹니다.

나는 매일 매일 점점 좋아지고 있다.

사경명상 Writing Meditation

● 사경명상의 집중도는 어느 정도였나요?　（　　　）%

● 사각사각 펜의 소리에 집중했을 때 어떤 감각이 느껴졌나요?

● 사경명상 중 마음에서는 어떤 생각이나 감정이 일어났나요?

● 사경명상을 하면서 새롭게 알아차린 것을 기록해 봅니다.

나를 한 단어로 표현한다면?

활동 목표

자신이 스스로 어떤 사람이라고 표현하는지 탐색해 본다.
자신에 대한 통찰 능력을 배양한다.

도입

활동 목표를 이해한다.
자신에게 집중하고 자기와 만날 준비를 한다.

전개

자신을 나타낼 수 있는 단어들을 찾아본다.
그중에 나를 가장 잘 표현할 수 있는 한 단어를 적어 본다.
나를 가장 잘 표현한 단어를 선택한 이유를 적어 본다.
그 단어가 내 삶에 어떤 영향을 미칠지 생각해 본다.

정리

나를 가장 잘 표현하는 단어를 찾는 활동을 통해 느낀 점을 나눈다.

나를 한 단어로 표현한다면? Introduce yourself in one word?

희망하는 자신의 모습이 있다면 한 단어로 자신을 표현해보고 현재 자신의 모습과 어떤 차이가 있는지 생각해 봅니다. 그리고 희망하는 자신이 되기 위해 어떤 노력을 해야 할지 생각해 봅니다.

나는 _____ 이다. (지금의 나)

나는 _____ 이고 싶다! (희망하는 나)

자신을 이 단어로 표현한 이유를 적어 봅니다.

희망하는 자신이 되기 위해 어떤 노력이 필요한지 적어 봅니다.

이렇게 표현한 자신은 고정된 내가 아닙니다. 이것은 어떠한 나도 만들 수 있다는 것이고 날마다 새롭게 태어난다는 것이기도 합니다.

WEEK **14**

용서명상

1. 용서명상이란?

　용서명상은 상대방을 일방적으로 용서하려는 것이 아닙니다. 상대방을 미워하고 있는 자신에 대한 용서와 연민의 마음이 없다면 자신도 상대방도 용서하기 어렵습니다. 따라서 용서명상은 자신과 타인에 대한 바른 이해로 괴로움의 불편한 마음을 벗어나 평온한 상태로 머물 수 있게 도와줍니다.

　용서한다는 의미는 이미 저지른 허물이나 잘못을 관대하게 용납하거나, 너그러운 마음을 가져서 상대를 이해하여 벌을 주지 않고 온전히 상대방을 받아들이는 마음입니다. 상대방으로 인한 원망이나 분노를 품은 사람이 용서하고 관용의 마음을 갖기 위해서는 진정한 용기와 자비로운 마음이 필요합니다.

　틱낫한 스님은 "타인의 잘못을 내 마음속에서 비워내는 것이 가장 큰 이해이고 용서이고 사랑이다."라고 했습니다. 즉 상대를 진정으로 이해한다는 말은 뉘우침을 받아들이고 용서의 마음을 열었다는 말과도 같습니다. 분노하는 사람은 온갖 번뇌로 자신을 스스로 결박하고 실수를 저지르기도 합니다. 자신도 용서와 관용을 바라는 입장이 될 수 있다는 사실을 명심하면 용서에 인색하지 않을 수 있게 됩니다.

2. 용서명상의 방법

　티베트의 영적 지도자 달라이라마와 30년 지기 중국인 친구 빅터 챈이 나눈 용서에 관한 대화를 담은 책「용서」의 한 구절입니다.

달라이라마『용서』

　"만일 나를 고통스럽게 만든 사람에게 나쁜 감정을 키워나간다면, 단지 내 자신의 마음의 평화만 깨어질 뿐입니다. 하지만 만일 내가 그를 용서한다면, 내 마음은 평온을 되찾을 것입니다…. 누구나 진정한 행복을 추구하지만 미움과 질투, 원한과 같은 부정적 감정이 행복을 가로막는 가장 큰 장애물이다. 그리고 이 장애물을 뛰어넘는 유일한 길은 용서이다."

용서는 선한 일이며 인자함에서 비롯되는 마음에 풍요를 가져다주는 지혜로운 행위입니다. 긍정적 내면소통의 첫걸음은 용서입니다. 되돌아보며 과거에 집착하거나 얽매이기보다는 앞을 내다보고 미래를 향해 나가면서 다 내어주는 것이 용서입니다.

용서에는 내가 용서를 구해야 하는 경우와 내가 용서해야 하는 경우로 나눌 수 있습니다. 모두 나의 부족함 또는 상대의 부족함이 있었음을 볼 수 있어야 합니다. 각자의 행동과 마음이 부족함으로 생긴 일일 수 있습니다. 이것을 이해한다면 용기 내어 용서를 구할 수 있고, 따뜻한 마음으로 용서를 할 수 있을 것입니다. 따라서 용서명상은 먼저 서로의 고통을 이해하며 용서하려는, 또는 용서 구하려는 의도를 일으켜야 합니다. 누군가를 미워하고 증오하는 것은 또 다른 고통의 시작이기에 진정으로 용서를 구하고 용서하려는 의도를 내어야 합니다. 그래야 용서의 문이 열리기 때문입니다.

3. 용서명상의 효과

용서하는 마음은 결국 자기의 몸과 마음을 잘 다스려 인욕하는 마음과 연결될 수 있습니다. 타인의 허물에 휘말려 어리석음에 물들지 않고 자신의 마음을 청정하게 하는 지혜의 마음을 유지할 수 있습니다. 다른 사람의 허물과 잘못을 용서했을 때, 그리고 자신의 허물과 잘못을 용서했을 때 진정한 마음의 평화와 더불어 괴로움에서 벗어날 수 있습니다.

용서명상은 긍정적인 정서 경험을 향상하고, 이타적 행동과 배려심 등으로 대인관계에 도움이 되며 생활양식을 계발하는데 매우 효과적입니다. 최근 연구에 따르면 스트레스에 대한 대처 능력과 회복력이 향상되고 실패나 거부에서 오는 분노와 두려움, 신체적 불편함이나 통증 감소에도 효과가 있다고 합니다.

실습 가이드

❶ 편안한 자세로 앉아 눈을 가볍게 감거나 반쯤 뜹니다.
❷ 호흡을 깊게 세 번 한 후 몸과 마음을 편안하게 이완합니다.
❸ 자신의 삶에서 만났던 사람 중 나의 크고 작은 잘못과 실수로 상처 입은 사람, 용기가 없어 용서를 구하지 못했던 한 사람을 떠올려 봅니다.
❹ 내가 의식적, 무의식적으로 상처를 준 그 사람에게 진심으로 용서를 구합니다.
'내가 당신에게 몸으로, 말로, 마음으로 준 상처에 용서를 구합니다. 당신의 용서를 구합니다.'
❺ 나를 아프고 힘들게 했던 한 사람을 떠올려봅니다. 의식적, 무의식적으로 상처를 준 그 사람을 용서합니다.
'나에게 몸으로, 말로, 마음으로 상처를 준 당신을 용서합니다. 당신을 용서합니다.'
❻ 용서명상을 하는 중 몸에서 느껴지는 감각들, 불편한 감정들이 있다면 그대로 받아들이고 다시 용서를 구하는 문장을 부드럽게 반복합니다.
❼ 원하는 만큼 반복한 후 용서를 구하는 문장을 내려놓고 깊이 숨을 들이쉬고 내쉬기를 3회 반복합니다.
❽ 준비되었다면 천천히 눈을 뜹니다.

용서명상 Forgiveness Meditation

● 용서명상의 집중도 어느 정도였나요?   (   ) %

● 용서명상이 잘 되었을 때 몸과 마음은 어떤 상태였나요?

● 용서명상이 잘 되지 않았을 때 어떤 감정이 일어났나요?

● 용서명상을 하면서 새롭게 알아차린 것을 기록해 봅니다.

네 마음을 이해해!

활동 목표

공감의 의미를 이해한다.
서로의 다름을 인정하고 올바른 공감의 태도를 함양한다.

도입

활동 목표를 이해한다.
자신이 공감 받거나 공감한 경험에 대해 떠올려 본다.

전개

자신의 공감받고 싶은 이야기를 적는다.
짝을 지어서 상대방의 이야기를 들을 마음의 준비를 한다.
상대방의 힘든 이야기에 귀 기울여 듣고 충분한 공감을 한다.
순서를 바꾸어 역할을 교환한다.

정리

공감 대화를 나누고 느낀점을 정리해 본다.

네 마음을 이해해! Listen to your mind! Understand your mind!

상대가 아파하는 이유를 알고 '네 마음을 이해한다.'고 진심으로 말해주는 것이 공감의 핵심입니다. 공감 받고 싶은 나의 이야기를 간단히 작성하고, 두 사람이 짝을 이루어 서로 공감하며 대화해 봅니다.

- 공감 받고 싶은 나의 이야기

- 공감 대화를 나누고 난 후 소감을 적어 봅니다.

WEEK **15**

한 학기를 마치며

한 학기 수업을 마치면서 배우고 느낀 점을 적어봅니다.

자신의 명상 경험에 대해 그동안 적었던 내용을 천천히 살펴보면서 어떤 점이 명상하는 데 방해가 되었는지, 어떻게 했을 때 명상이 잘 되었는지를 확인합니다. 장애가 되는 요소는 제거할 수 있도록 노력하고, 도움이 되었던 점들은 더욱 증진해 나갈 수 있도록 합니다.

참고문헌

간화선 2
- 『고봉원묘선사선요』(『만신속장경』 70)
- 『운문광록선사어록』(『대정장』 47)
- 고봉원묘 지음, 원순 옮김(2001), 『선요』, 도서출판법공양.
- 대한불교조계종·불학연구소·전국선원수좌회(2005), 『간화선』, 조계종출판사.

걷기명상 2
- 대림스님 옮김(2006), 『앙굿따라 니까야』, 초기불전연구원.
- 붓다고사 지음·대림스님 옮김(2004), 『청정도론』, 초기불전연구원.
- 시라토리 하루히코 지음, 김윤경 옮김(2021), 『니체와 함께 산책을』, 다산초당.
- 우 냐나로까 사야도 법문(2018), 『사띠빳타나 수행』, 민족사.
- 우 자나카 가르침(2003), 『위빠사나』, 불광출판부.

마음관찰명상
- 각묵스님 옮김(2006), 『디가니까야』, 초기불전연구원.
- 각묵스님 옮김(2013), 『네가지 마음챙기는 공부』, 초기불전연구원.
- 아날라요 스님 지음, 이필원 외2 옮김(2014), 『(Satipatthana) 깨달음에 이르는 알아차림 명상 수행』, 명상상담연구원.
- 우 실라난다 사야도 지음, 심준보 옮김(2004), 『네 가지 알아차림의 확립(사념처)』, 보리수선원.

먹기명상
- 각묵스님 옮김(2009), 『상윳따니까야』, 초기불전연구원.

- 잰 초즌 베이 지음, 이인실 옮김(2012), 『마음챙김 먹기(mindful eating)』, 허원미디어.
- 틱낫한 지음·진우기 옮김(2018), 『HOW TO EAT』, 한빛비즈.

명상이란무엇인가 2
- 김정호(2016), 『마음챙김명상 매뉴얼』, 솔학.
- 데니얼 골맨·리차드 데이비슨 지음, 김완두 외1 옮김(2023), 『명상하는 뇌』, 김영사.
- 아날라요 스님 지음, 이필원 외2 옮김(2014), 『(Satipatthana) 깨달음에 이르는 알아차림 명상 수행』, 명상상담연구원.
- 장현갑(2016), 『명상에 답이 있다』, 담앤북스.
- 크리스토퍼 거머 지음, 김재성 번역(2009), 『마음챙김과 심리치료』, 무수.

사경명상
- 『약사유리광칠불본원공덕경』(『대정장』 14)
- 동국대학교 서울국제명상엑스포 운영위원회(2022), 『붓끝으로 스며드는 여백의 안정, 서예와 명상』, 하움출판사.
- 운주사 출판부(2014), 『과거세부터 지어온 죄업을 참회하는 진언』, 운주사.

소리명상
- 도경·선도 공저, 이태원 역(2017), 『염불, 정토에 왕생하는 길 : 염불경 역주』, 운주사.
- 동국역경원 편(1970), 『서산대사집』, 동국역경원.
- 밍귤 린포체 저, 이현 역(2012), 『티베트 린포체의 세상을 보는 지혜』, 문학의 숲.
- 틱낫한 저, 김윤종 역(2021), 『모든 발걸음마다 평화』, 불광출판사.

이완명상
- 각묵스님 역(2009), 『쌍윳다니까야』, 초기불전연구원.
- Bob Staha, Elisha Goldstein 공저, 안희영, 이재석 공역(2014), 『MBSR 워크북』, 학지사.
- 하버트 벤슨 지음, 양병찬 옮김(2020), 『THE RELAXATION RESPONSE』, 페이퍼로드.

용서명상

- 『잡아함경』 권38(『대정장』 02)
- 김월운 옮김(2006), 『잡아함경』, 동국역경원.
- Dalai Lama(2006), 『용서』, 오래된미래.
- 전재성 역주(2008), 『법구경-담마파다』, 한국빠알리성전협회.

자비명상

- 대림스님 역(2012), 『맛지마니까야』, 초기불전연구원.
- 크리스토퍼 거머·로날드 시걸 엮음, 서광스님·김나연 옮김(2014), 『심리치료에서 지혜와 자비의 역할』, 학지사.
- Christopher Germer·Kristin Neff공저, 서광 외7 공역(2023), 『전문가를 위한 마음챙김 자기연민』, 학지사.

절명상

- 『장아함경』(『대정장』 01)
- 대한불교조계종 교육원 불학연구소(2008), 『절 수행 입문』, 조계종출판사.
- 대한불교조계종 포교원 제작, 〈청년을 위한 108배 명상〉.

행복명상

- 달라이라마·하워트 커틀러 지음, 류시화 옮김(2011), 『달라이라마의 행복론』, 김영사.
- 전재성 역주(2015), 『숫타니파타 : 붓다의 말씀』, 한국빠알리성전협회.
- 라즈 호가드 지음, 이경아 옮김(2006), 『(영국 BBC 다큐멘터리) 행복』, 위즈덤하우스.

호흡명상 2

- 각묵스님 옮김(2006), 『디가니까야』, 초기불전연구원.
- 각묵스님 옮김(2013), 『네가지 마음챙기는 공부』, 초기불전연구원.
- 대림스님 옮김(2012), 『맛지마 니까야』, 초기불전연구원.
- 우 조티카 지음, 박은조 옮김(2015), 『마음의 지도』, 연방죽.
- 잭 콘 필드 지음, 추선희 옮김(2011), 『처음 만나는 명상 레슨』, 불광출판사.

대학생을 위한 자아와 명상 2

2024년 2월 2일 개정증보판 1쇄 인쇄
2025년 9월 2일 개정증보판 3쇄 발행

엮은이 동국대학교 건학위원회
발행인 박기련
발행처 동국대학교출판부

출판등록 제1973-000004호(1973. 6. 28)
주소 04626 서울시 중구 퇴계로36길2 신관1층 105호
전화 02-2264-4714
팩스 02-2268-7851
홈페이지 https://dgpress.dongguk.edu
이메일 abook@jeongjincorp.com
인쇄 코리아프린테크

ISBN 978-89-7801-842-5 (03220)

값 13,000원

이 책의 무단 전재나 복제 행위는 저작권법 제98조에 따라 처벌 받게 됩니다.